HABLAR DE LA MUERTE PARA VIVIR Y MORIR MEJOR

MONTSE ESQUERDA

HABLAR DE LA MUERTE PARA VIVIR Y MORIR MEJOR

Cómo evitar dolor y sufrimiento añadido al final de la vida

DIANA

Obra editada en colaboración con Editorial Planeta - España

Bajo el sello editorial DIANA M.R.
Avenida Presidente Masarik núm. 111,
Piso 2, Polanco V Sección, Miguel Hidalgo
C.P. 11560, Ciudad de México
www.planetadelibros.com.mx

Primera edición impresa en España: abril de 2022
ISBN: 978-84-1344-149-8

Primera edición en formato epub en México: marzo de 2023
ISBN: 978-607-07-9812-2

Primera edición impresa en México: marzo de 2023
ISBN: 978-607-07-9810-8

Impreso en los talleres de Impresora Tauro, S.A. de C.V.
Av. Año de Juárez 343, colonia Granjas San Antonio, Ciudad de México
Impreso en México -*Printed in Mexico*

Índice

Introducción

¿Quién no presta oídos a una campana cuando por algún hecho tañe?

¿Quién puede desoír esa campana cuya música lo traslada fuera de este mundo? Ninguna persona es una isla; la muerte de cualquiera me afecta, porque me encuentro unido a toda la humanidad; por eso, nunca preguntes por quién doblan las campanas; doblan por ti.

John Donne,
Devociones para ocasiones emergentes

Gymnopédie n.º 1, Erik Satie

La muerte formó parte de los escenarios de mi infancia, como de los de muchas de las personas de mi generación y, por supuesto, de las anteriores. Uno de mis primeros recuerdos de muerte es la de la bisabuela de una amiga.

Debíamos tener unos cuatro o cinco años. La bisabuela era una presencia continua y silenciosa en nuestros juegos, sentada en un rincón sin moverse casi nunca, dormitando, roncando a veces. Si hacíamos ruido, se despertaba y nos gritaba enojada hasta que volvía a dormitar de nuevo. No sé qué edad tendría, pero, desde la mirada de un niño, debía de superar por mucho los cien. A veces, sin saber por qué, alzaba una mano, seca y arrugada, con esas líneas grabadas que dejan años de trabajo y de caricias, y rebuscaba en los bolsillos hasta encontrar algún caramelo pegajoso, que me parecía casi tan viejo como ella, pero tenía el sabor de esas tardes eternas de veranos en la infancia.

Recuerdo su imagen fallecida, el ataúd, el parlotear de los vecinos que la estaban velando y que se acercaban a mirarla, comentando lo guapa que había sido de joven y lo bien que había quedado. Recuerdo tocarle la cara para saber si se movería, el tacto frío y ese color determinado. En el fondo, recuerdo una sensación de normalidad, incluso de calma.

La muerte formaba parte de lo cotidiano, sin estridencias, como esas campanas que sonaban de tanto en cuando, tocando a muerte. Formaron parte del escenario de mi infancia, como de la de muchos. Esa cercanía ha sido la vivencia habitual de la muerte durante generaciones y siglos hasta llegar a nuestra sociedad actual. Ese sonido sordo, lento y repetitivo, nos recordaba la existencia de la muerte y del morir, nos recordaba nuestra propia finitud.

No siempre era una muerte tranquila o esperada. También había mucho dolor y miedo alrededor de la muerte, sufrimiento, por supuesto, pero era algo conocido, de cierta manera doméstico.

Pero en un corto periodo de tiempo, en décadas o casi en años, las campanas han callado y parece como si la muerte hubiera desaparecido, como si pasase a ser un rumor.

Las campanas que doblaban a muerte se han silenciado.

El mutismo de las campanas implica que la pregunta sobre la muerte, la de los otros y la propia, se ha silenciado también. Y este fenómeno se ha dado en muy poco tiempo.

Nuestra sociedad ha perdido la cercanía y la familiaridad con la muerte: morimos en hospitales o en asilos, velamos en funerarias impersonales en las periferias de las ciudades, evitamos que los niños vayan a las ceremonias fúnebres o cambiamos de tema cuando hablamos o nos preguntan sobre ello.

En pocos años, la muerte se ha convertido en un nuevo tabú. De hecho, mis recuerdos de infancia corresponden a un pueblo pequeño, y no son compartidos con amigos de mi edad que vivían en la ciudad y que ya experimentaron esta lejanía con la muerte.

La sociedad ha convertido la muerte en algo que hay que callar y esconder, y en este silencio se ha «desculturizado la muerte», es decir, se han perdido las referencias sociales, religiosas o culturales que ayudaban a las personas a lidiar con este hecho, y con el duelo.

El problema es que, aunque no hablemos de ella, sigue ahí, inexorable, presente en la realidad de muchas personas que pasan por un proceso de final de la vida, acompañan a sus familiares o están de duelo, pero ausente en la cotidianidad, sin espacio en la plaza pública.

Al «desculturizar la muerte», la sociedad ha apartado a las personas del final de la vida y del duelo, y ese alejamiento hace que tengan que vivir la experiencia en soledad, sin encontrar espacio, referentes o rituales. El tabú de la muerte puede analizarse como un fenómeno social o cultural, pero debemos ser conscientes de que provoca que aumente el sufrimiento de las personas que están llegando al final de la vida o de las que viven el duelo.

Todos moriremos, y prácticamente todos viviremos algún duelo por la pérdida de una persona cercana y querida. Conocer el territorio y tener una serie de referencias —sociales, culturales, familiares o vitales— nos ayudarán durante el tránsito. No evitarán el sufrimiento, pero sí el desamparo, el caos o la soledad.

Debemos reaprender a hablar de la muerte y a convivir con ella en una sociedad en la que ya no repican las campanas tocando a muerte.

1

La muerte natural

> Todo tiene su momento oportuno; hay un tiempo para todo lo que se hace bajo el cielo: un tiempo para nacer, y un tiempo para morir; un tiempo para plantar, y un tiempo para cosechar; un tiempo para matar, y un tiempo para sanar; un tiempo para destruir, y un tiempo para construir; un tiempo para llorar, y un tiempo para reír.
>
> *Eclesiastés, 3*

Aria de la Suite n.° 3, J. S. Bach

La muerte camina con la humanidad, o la humanidad camina con la muerte

La historia de la humanidad camina junto a la conciencia de la finitud. Cada época, hasta llegar a la sociedad actual, ha intentado representar la muerte y lidiar con ella, y ha buscado símbolos y rituales para entender y acceder al caos. Diferentes sociedades han aprendido a convivir con la muerte, incorporándola a la cotidianidad y construyendo una relación entre el morir y el sentido de la vida, buscando la forma de recordar a sus muertos.

En cierta manera, la muerte tenía su momento y su tiempo dentro de un ritmo natural, cercano a los ritmos de la naturaleza, como se describe en el fragmento del Eclesiastés: «un tiempo de vivir y un tiempo de morir [...] un tiempo de llorar, y un tiempo de reír».

Tal vez nunca sepamos en qué momento las personas fueron conscientes de su condición finita, cuándo entendieron que eran mortales, cómo veían el acercamiento al final de la vida o qué consideración tenían por los cadáveres... Probablemente no fue un instante exacto, sino que esa conciencia fue adquiriéndose a lo largo de muchos años, siglos, o quizá en un corto periodo de tiempo, coincidiendo con alguna aceleración evolutiva. Es probable que nunca lo sepamos. Sólo tenemos vestigios que nos permiten intuir historias, ceremonias o rituales, pero los vemos de reojo e intentamos interpretar cómo eran.

En todo caso, se cree que hay cierta relación entre el avance de la conciencia de la muerte y el desarrollo del lenguaje, de la cognición o del arte. Puestos a imaginar, podríamos pensar que esa conciencia de la muerte emerge con la capacidad de imaginar y trascender, o incluso con la de explicarnos historias.

Tiempos oscuros y fríos implicaron horas y horas sentados frente al fuego, amontonados, piel con piel. Junto a esa imagen aparece una similar: la narración, los cuentos y las historias. Aunque no quedan vestigios arqueológicos de las palabras habladas, podemos imaginar ese nacimiento de la humanidad o de la conciencia de la muerte gracias a las narraciones que explicaban este fenómeno.

Jonathan Gottschall, profesor del Washington & Jefferson College, defiende la idea de que lo que nos hace humanos es nuestra capacidad de «narrar» el mundo, es decir, de crear historias. En su libro,[1] explica que lo que nos diferen-

1. Gottschall, J., *The Storytelling Animal. How Stories Make Us Human*, Houghton Mifflin Harcourt, Boston, 2012.

cia de los animales no es sólo la inteligencia o el sofisticado lenguaje, sino la capacidad para producir relatos, pues en el fondo somos «hacedores de historias». Aún hoy seguimos explicando el mundo a través de cuentos modernos, nos contamos las creencias, la ciencia, el arte y la vida y la muerte con historias. Con el tiempo, las narraciones pasaron de ser habladas a escribirse y visualizarse, en forma de teatro primero y de películas o series después.

Las historias «nos cuentan» la vida y la muerte, el sentido, y nos ayudan no sólo a entender el futuro, sino también a anticiparlo. Las narraciones crean unidad emocional y cognitiva, nos unen como grupo. Gottschall afirma que nos ayudan a sincronizar lo que se piensa, lo que se siente, e incluso a sintonizar el ritmo cardiaco, la respiración o la risa.[2] De esta manera crean cultura, refuerzan los valores comunes y nos acercamos a todo lo que no podemos entender.

Por ello, probablemente las narraciones acompañaron ese despertar a la muerte. Las palabras desaparecen y no nos quedan vestigios de ellas, pero las podemos recrear con algunos de los indicios de la «humanidad» de los que sí dejan restos, como los ritos funerarios y los entierros.

Aunque cueste inferir cómo podían entender y explicar la muerte los primeros *Homo sapiens*, sabemos que celebraban rituales por la posición en que se han encontrado sus restos, los objetos que acompañan a los cadáveres —collares o conchas— y los lugares especiales donde los han hallado. Todo ello nos hace pensar que había una narrativa significativa detrás. En algunos esqueletos se han localizado restos de polen que nos hacen presuponer que los cuerpos se rodeaban de flores. Cómo nos gustaría escuchar la historia que hay detrás...

Sigue siendo tema de discusión si los neandertales, la es-

2. Ibídem.

pecie más prima cercana a nosotros, realizaba rituales funerarios. Es un debate que, aunque parezca trivial, tiene un núcleo imprescindible a la hora de explicar la «humanidad» de nuestros familiares.

En 1908, en una pequeña cueva de La Chapelle-aux-Saints, cerca de Brive-la-Gaillarde, los hermanos Bouyssonie, curas católicos hijos del farmacéutico del pueblo, hallaron un esqueleto en posición fetal y con armas alrededor. Eran arqueólogos aficionados, pero algunos rasgos les llamaron la atención y pidieron ayuda a reputados expertos parisinos. Determinaron que se trataba de un neandertal, al que llamaron «El Viejo» y postularon que había recibido un entierro con rituales funerarios. Es uno de los primeros hallazgos que desató la «neandertalmanía».

Aparte de la polémica, digna de su época, que suscitó que dos sacerdotes católicos defendieran la teoría de la evolución darwiniana, la controversia que aún acompaña el hallazgo es si los neandertales realizaron ritos funerarios, pero las últimas evidencias parecen indicar que sí.

Esa especial disposición de los muertos, las conchas, las flores y los entierros en lugares especiales nos pueden hacer intuir cuándo emergieron en la humanidad otras características muy propias de ella, como serían el cuidado de los que están cerca de la muerte, la enfermedad o la vejez.

Una anécdota, atribuida a Margaret Mead, relacionaba no sólo la existencia de ritos funerarios sino también la propia existencia de cuidados como el inicio de la humanidad:

> Hace años, un estudiante le preguntó a la antropóloga Margaret Mead cuál consideraba que era el primer signo de civilización en una cultura. El estudiante esperaba que Mead hablara sobre anzuelos o vasijas de barro, herramientas como piedras para moler. Pero no. Mead dijo que el primer signo de civilización en una cultura antigua era un fémur que se había roto y

luego sanado. Mead explicó que, en el reino animal, si te rompes la pierna, mueres. No se puede huir del peligro, llegar al río para beber o buscar comida. Ningún animal sobrevive a una pierna rota el tiempo suficiente para que el hueso sane. Un fémur roto que ha sanado es evidencia de que alguien se ha tomado el tiempo para quedarse con el que se cayó, ha vendado la herida, ha llevado a la persona a un lugar seguro y ha atendido a la persona durante su recuperación. Ayudar a alguien más a superar las dificultades es donde comienza la civilización, dijo Mead.[3]

No sabemos con certeza si el texto corresponde a Mead, pero la cita Ira Byock en uno de sus libros. Más adelante volveremos a hablar sobre este médico de cuidados paliativos. De hecho, nos gustaría atribuirla a ella, una antropóloga de referencia. En cualquier caso, recoge una idea muy concreta: la eclosión de la conciencia de finitud relacionada con la compasión, el cuidado o el compromiso con nuestros semejantes en la enfermedad, en el final de la vida y hasta el último momento.

Desde los albores de la humanidad, ese ha sido el signo distintivo, no sólo de la conciencia de la muerte, sino asociada al cuidado y a la compasión, acompañada de narraciones, símbolos y rituales.

La muerte que se vive con otros

Desde esos albores de los tiempos, la muerte ha acompañado a la humanidad, pero este caminar juntos es de una forma determinada, con un componente social y cultural.

3. Byock, I., *The Four Things That Matter Most. A Book About Living*, Simon & Schuster, Nueva York, 2004.Versión española de Alicia Sánchez, Decir lo que importa, Urano, Barcelona, 2005.

Por tanto, desde los rituales más primitivos, las sociedades han ido modulando la relación de las personas con el morir. Cómo una persona en particular, y de forma individual, afronta la muerte está muy relacionado con cómo la entiende y la configura la sociedad a la que pertenece. Las personas pensamos y desarrollamos el modelo para entendernos a nosotras mismas, a los demás y al mundo en un marco determinado que es la cultura en la que nacemos y crecemos.

Una cultura es un conjunto rico y complejo que comprende miles de caracteres distintivos, e incluye múltiples referencias simbólicas o relacionales: nos da una gramática para leer, interpretar y narrar el mundo. Todas estas referencias, según nuestra cultura, adquieren significado y modulan nuestros pensamientos, creencias, valores o costumbres. En definitiva, nuestra identidad.

Y lo hacen como si fueran unas matrioskas, esas muñecas rusas que van encajando una dentro de la otra, de la mayor a la menor. La persona sería como la matrioska diminuta, con una forma y un tamaño que se ajusta a la muñeca siguiente, nuestra familia, y ésta a la siguiente, nuestro entorno inmediato, y así de forma sucesiva hasta la muñeca grande, el contexto sociocultural, que las envuelve y las acoge a todas, a veces sin darnos cuenta. En ese molde, vemos y entendemos el mundo, se genera nuestra identidad. Quizá de adultos podamos traspasarlo, pero ésa es otra historia.

Eric Cassell, uno de los médicos pioneros en abordar el sufrimiento en el final de la vida, lo expresaba así: «Tal como una persona es parte de una cultura y de una sociedad, estos elementos forman parte constitutiva de la persona».[4] Es decir, forman parte de nuestra identidad.

4. Cassell, E., «The Nature of Suffering and the Goals of Medicine», *New England Journal of Medicine*, n.º 306, 1982, pp. 639-645.

El concepto de muerte se genera en ese espacio, en esa matriz cultural, y comprende un conjunto enorme de conocimientos, metáforas, actitudes, símbolos, referencias o rituales relacionados con la muerte.

Por ello, de entrada, la muerte es social, no sólo individual, y requiere una sociedad capaz de incorporarla. En el fondo, la pregunta por la muerte y el morir es la pregunta por la vida, por su sentido y significado, pero también por el dolor y el sufrimiento.

Uno de los autores que mejor ha estudiado la historia de la muerte es Philippe Ariès, un erudito francés que se autodenominaba «historiador de domingo». Básicamente se dedicó a biografiar a fondo dos ámbitos muy diferenciados: la infancia y la muerte. Por una parte, intentó describir la evolución de la consideración social y familiar de los niños, y, por otra, sin continuidad con la anterior, la historia —diríamos biográfica— de la muerte en Occidente.

Y aquí nos detendremos. Desde la Edad Media hasta la actualidad, Ariès describe la evolución de la relación de la sociedad con el morir mediante elementos no sólo históricos, sino también desde la antropología, la filosofía, la religión o la política.

En su *Historia de la muerte en Occidente*[5] contrapone dos épocas bien diferenciadas a la hora de abordar la muerte:

De la Edad Media al siglo pasado. Describe una muerte cercana y familiar, dolorosa y temida, pero conocida por todos. La llama la muerte «domada», pues para él la muerte se doma ritualizándola. Me gusta referirme a ella no sólo como muerte domada, domesticada, sino también como doméstica.

5. Ariès, P., *Historia de la muerte en Occidente*, Acantilado, Madrid, 2000.

Esta muerte era conocida por todos. Solía producirse de forma rápida, dentro del entorno familiar y con personas jóvenes o niños. A menudo se avisaba antes al sacerdote que al médico, y estaba rodeada por una serie de rituales, tanto religiosos como sociales, que marcaban la pauta y la cadencia.

Ariès describe que, desde Homero hasta Tolstói, hay un patrón que se repite, a pesar de los elementos particulares o específicos de cada zona o época. Esa actitud la describe utilizando las palabras del escritor ruso Alexandr Solzhenitsyn, de su novela *Pabellón de cáncer*: es la actitud hacia la muerte que, durante «siglos o milenios», ha acompañado a la sociedad:

> [...] sin fanfarronadas, sin aspavientos, sin presumir de que no iban a morir; todos admitían la muerte apaciblemente. No sólo no retrasaban el momento de rendir cuentas, sino que se preparaban para ello tranquilamente y con antelación, designaban quién se quedaría con la yegua, quién con el potro... Y se extinguían con una especie de alivio, como si sólo tuvieran que cambiar de isba.

Sin aspavientos y sin presunciones. Con simplicidad.

Durante siglos o milenios, ésa ha sido la relación de diferentes sociedades ante la muerte. Ariès la estudia desde la Edad Media, época de guerras y guerrillas, hambrunas, pestes y miseria. Analiza muchos elementos que configuran esta cultura: los cementerios, los nichos, las prácticas funerarias, el culto o el duelo. Además, lee y transcribe canciones populares, testamentos, poemas o escritos particulares.

De ello concluye que la muerte se asumía como parte natural de la vida, más con aceptación ingenua que con resignación, sin tragedia ni drama, con una esperanza de vida de poco más de treinta años. Se aprendía a convivir con el morir.

Como ideal de una buena muerte pone como ejemplo la narrada en *El cantar de Roldán*, un poema de inicios del siglo XII. Inicia con Roldán haciendo una evocación de los momentos bellos que le han tocado vivir, una vida plena y llena de sentido. Después, los acompañantes y numerosos asistentes se acercan y le piden perdón. Al final, Roldán, habiéndose reconciliado con el pasado y el presente de este mundo, orienta su atención hacia Dios, se reconcilia y entrega su alma.

Todo se cumple como debía.

Comenta Ariès que «la sencillez familiar es uno de los dos caracteres necesarios de la muerte. El otro es su publicidad». La muerte era, pues, un acto público, y el lecho del moribundo podía ser visitado por cualquiera. En ese periodo se estima que aparece la creencia, que en cierta manera perdura hasta la actualidad, de que la persona, antes de morir, ve pasar su vida en un recorrido de relámpago, y esos momentos sirven para redimir culpas, limpiar pecados y reconciliarse con la vida.

Aparece también en esa época el *Ars Moriendi*. No había quizá tanto miedo a morir, sino a la muerte accidental y rápida, sin estar preparado ni acompañado. *Ars Moriendi* significa «el arte de morir», y era el título de una serie de textos que después tuvieron su versión abreviada. Se convirtieron en viñetas ilustradas para que accedieran a él las personas iletradas. En ellas se enseñaba de forma muy didáctica y se daba una serie de consejos sobre el buen morir. De esa época serían también las danzas macabras, que algunas perviven en nuestras tradiciones.

El *Ars Moriendi* comprendía seis capítulos: el primero, en que explica que el morir tiene un lado bueno, que no debe temerse, y ayuda a consolar al moribundo; el segundo, donde se narran las tentaciones del moribundo —la falta de fe, la desesperación, la impaciencia, el orgullo espiritual y la avaricia—, así como consejos para superarlas; el tercero comprende las preguntas que hay que hacer al enfermo para reafirmarle en la fe y consolarlo por sus pecados; el cuarto, o cómo imitar la vida de Cristo; el quinto, dirigido a la familia y a los amigos del moribundo, dándoles pautas de cómo deben comportarse al acercarse al lecho del moribundo (incluyendo la incitación a que este haga testamento), y sexto, las plegarias y oraciones para acompañar al moribundo.

Era la época en que la peste negra y diversas guerras asolaban Europa, y esta guía sobre la preparación al buen morir se convirtió en un referente y se tradujo a diversos idiomas, con su versión abreviada e ilustrada con los grabados. Podríamos decir que fue como uno de los primeros *best sellers* medievales, quizá el primero del área de autoayuda. Su éxito se extendió más allá de la época medieval, hasta el Barroco y el Renacimiento.

La buena muerte requería estar preparado. Había miedo a la muerte repentina, por accidente o sin tiempo para dejar todo en orden. Una parte importante era el testamento, no tanto como documento anticipado, sino como momento final, que pasa de ser oral —relacionado con las últimas palabras que los poetas ponían en boca de los héroes o con los sacramentos— a convertirse en un documento que inicialmente se ocupaba de las cláusulas piadosas, la elección de las sepulturas y las mandas de misas o limosnas. Poco a poco fue evolucionando a la forma actual, como acto legal de distribución de las fortunas.

De hecho, Ariès distingue cuatro etapas de evolución de la muerte: «domada», «propia», «ajena» y «prohibida». La primera sería la domesticada, desde los orígenes del cristianismo hasta la Edad Media, siendo la época en que la muerte era vivida de una forma más pública y compartida. La muerte era una de las grandes leyes de la naturaleza, se aceptaba, y había una serie de rituales establecidos, a veces preparados por el propio muriente, pero sin demasiada exaltación.

En la segunda Edad Media, Ariès describe una evolución que llama «muerte propia», en que va aumentando más la individualización y la conciencia de la propia muerte.

Después se llega a la llamada «muerte ajena», típica del Romanticismo, en que aparece de forma clara la preocupación por la muerte de las personas queridas. Los rituales también marcaron ese devenir. El duelo y el luto se van afianzando en el tiempo, en cierta manera como un reconocimiento no sólo hacia la propia muerte, sino hacia la de los seres queridos: «Quiere decir que a los supervivientes les cuesta más que en otro tiempo aceptar la muerte del otro. La muerte temida no es entonces la muerte de uno mismo, sino la muerte del otro».[6]

El duelo tenía esa doble finalidad pues, por una parte, obligaba a la familia del fallecido a manifestar el dolor durante un tiempo, y, por otro, protegía del dolor que se consideraba excesivo. Es decir, la muerte era vivida de forma social, se tenían espacios para expresar el dolor y estaba bien visto mostrarlo en público.

En la época contemporánca se llega a lo que Ariès llama la muerte «prohibida». La muerte se esconde, así como las manifestaciones del duelo. Se explicará con más detalle en el capítulo siguiente.

La muerte natural: cercana, familiar, pública, preparada y aceptada

Hasta inicios del siglo xx, con pequeñas variaciones locales o temporales, Ariès describe que la muerte había mantenido

6. Ibídem.

esas cinco características: cercana, familiar, pública, preparada y aceptada.

Cercana y familiar, hasta hace poco la muerte había sido terreno conocido, temido sí, pero conocido, así como todos los rituales que la acompañaban. En mi familia, por ejemplo, mi abuela paterna tuvo diez hermanos, de los cuales cuatro murieron de niños. Ella era la hermana mayor, y eso implicó que, durante su infancia, viera y viviera de cerca la muerte de cuatro niños, como mínimo, así como la de otros adultos de la familia.

Vivir la muerte de forma tan cercana implica saber que sucede, entender la sacudida que provoca, los rituales para acompañarla en proximidad, en domesticidad. Cualquier persona que viviera en aquella sociedad sabría reconocerla.

Me viene a la cabeza una imagen para ilustrar esa cercanía y familiaridad: la pintura al óleo *Ciencia y caridad*, de Pablo Picasso. Es una escena muy conocida en la que podemos ver a una madre en su lecho de muerte, en sus últimos momentos, con un médico sentado a su lado. Pensativo, le toma el pulso, representando a la ciencia. De pie, una monja acerca a la moribunda una taza mientras lleva en brazos a su hijo, representando la caridad.

Más allá de la obra que representa la muerte, destaca una presencia muy significativa que ilustra esa proximidad de la última hora a la vida cotidiana: la presencia de niños alrededor de la muerte, un fenómeno que poco después de pintar ese cuadro, desaparecerá. *Niños*, se preguntarán... Sí, hay dos: el hijo de la moribunda en brazos de la monja y el propio Picasso pintando la escena a los catorce o quince años. Es una escena muy alejada de la realidad de nuestros niños y adolescentes.

Su padre fue el modelo para el médico, y una mendiga que encontró por la calle con un niño en brazos, a la que pagó diez pesetas, fue la enferma. Es la obra que presentó como pintura final para ingresar a la Facultad de Bellas Artes de San Fernando, en Madrid. Enfermedad y muerte.

Se cree que Picasso la pintó influido por algunas obras anteriores, como *La visita de la madre al hospital*, de Paternina, o *Una sala del hospital durante la visita del médico*, de Aranda. Más allá de la influencia pictórica, hay un hecho previo en su historia vital que lo marca profundamente: la muerte de su hermana Conchita por difteria a los siete años.

Stassinopoulos, en su libro *Picasso: creador y destructor*, lo narra así:

> En 1895, Picasso veía cómo Conchita se deterioraba, pasando de ser la pequeña sonriente de rizos rubios a la que había pintado con tanta ternura a ser un fantasma de sí misma; veía cómo el doctor Ramón Pérez Costales, un amigo de José Ruiz Blasco —padre de Pablo—, entraba y salía de la casa familiar; veía a sus padres luchando por salvar la vida de la niña y contemplaba cómo la familia fingía ilusión y alegría durante la Navidad tratando de proteger a Conchita de cualquier tristeza sobre su inminente muerte...

Picasso pinta con maestría una escena, pues es una imagen conocida para él. Colores ocres, terrosos, oscuros, para representar esa muerte vivida, cercana y doméstica.

Y la muerte era también pública. Hasta hace poco los monaguillos recorrían el pueblo entero portando una cruz y acompañando la extremaunción: era el anuncio público de que una persona estaba en su lecho de muerte. Durante siglos, el lecho de muerte de una persona era un espacio abierto a quien quisiera visitarlo, incluso a desconocidos.

Y las campanas, por supuesto, tocaban a muerte e invitaban en cierta manera a asistir al funeral. De hecho, aún son públicos los entierros y velatorios. Casi todas las ceremonias, religiosas o laicas, requieren invitación (bodas, bautizos, celebraciones...), excepto los funerales o velorios. Siguen abiertos a quien quiera acudir, quizá uno de los pocos rasgos medievales que nos quedan. Los adioses siguen siendo abiertos a todo el que quiera acudir.

Un ejemplo curioso de esa publicidad eran por ejemplo los *bill of mortality*, unos folletos impresos que se vendían cada semana en el Londres del siglo XVI y que, barrio por barrio, enumeraban las muertes. Describían sexo, edad y causa de la misma, sin nada más. Eran listados de fallecidos, los antecedentes de un sistema de registro. Pero lo curioso es que no nacen con la finalidad de conocer las causas de la muerte, sino por un interés comercial y público, para dar a conocer y vender el listado a los numerosos suscriptores. De hecho, los números también son narraciones.

La muerte era preparada y aceptada como una parte de la vida. De hecho, una expresión que prácticamente ha desaparecido del lenguaje coloquial es el de «muerte natural».

Al estudiar el grado de Medicina, la muerte natural sólo aparece en la asignatura de Medicina legal y forense. En ese contexto, se entiende por *muerte natural* la que aparece por enfermedad, en contraposición a la muerte violenta. Fuera de ese contexto, es difícil oír esta acepción de la muerte.

El concepto *natural* ha desaparecido del lenguaje cotidiano. Ahora la muerte es por una enfermedad, por la ausencia de tratamiento o por la falta de efectividad de una intervención. La muerte no era un accidente, sino parte de la vida, una etapa conocida, inevitable y para la que debía estarse preparado, con resignación, pero aceptada.

Esa idea de «muerte natural», así como el «morir de viejo», parece que han desaparecido. Entonces la muerte pasa a ser artificial. Olvidamos una parte de nuestro tiempo vital, del tiempo para todo que se relata en el Eclesiastés, «un tiempo para nacer, y un tiempo para morir». No recordamos el tiempo de morir, de llorar, para estar de luto ni el de despedirse.

Durante milenios, las personas han dado espacio al tiempo de muerte en una visión muy alejada de la de nuestra sociedad occidental actual, como comentaba Ariès: «La vieja actitud en la que la muerte es a la vez familiar, próxima, atenuada e indiferente se opone demasiado a la nuestra. La muerte da miedo hasta el punto de que ya no nos atrevemos a pronunciar su nombre».[7]

Ésa es la muerte que, hace pocas décadas, convertimos en tabú, la que ha perdido sus referencias culturales y sociales para gestionarla, y que hace aumentar el miedo y el sufrimiento ante ella. Vivimos un tiempo en el que ya no oímos las campanas tocando a muerto, olvidamos los rituales y enviamos a la muerte fuera del espacio público, al ámbito privado. Es la muerte «desculturizada».

7. Ibídem.

2

La muerte «desculturizada»

> La muerte, para la mayoría de la gente, es un rumor, algo que les pasa a otros, lejos.
>
> SEAMUS O'MAHONY, *The way we die now*

> *Adagio for Strings*, SAMUEL BARBER

La muerte «desculturizada» es una muerte salvaje

Como he dicho, en nuestra sociedad ya no oímos las campanas tocando a muerto, a difunto. La relación de convivencia con la muerte que marcó épocas anteriores, con las características que hemos repasado de cercanía, familiaridad, espacio público, preparación y aceptación, ha dado paso a una sociedad que esconde la muerte y la ha convertido en un tema tabú. El sonido de las campanas era un recordatorio de nuestra condición mortal, pero también un símbolo de cotidianidad.

Hoy, la muerte parece sólo un rumor, como comenta Seamus O'Mahony,[8] médico gastroenterólogo y escritor,

8. O'Mahony, S., *The Way We Die Now*, Head of Zeus, Londres, 2016.

algo que pasa a los demás o lejos, pero que no va a llegar a nosotros o a los nuestros. Los medios de comunicación nos recuerdan, un día sí y otro también, los nuevos avances para curar casi todas las enfermedades. Hemos llegado a creer que, en nuestra sociedad, la muerte sería opcional.

Hablar de la buena muerte implica referirse a la muerte, a cómo la entiende nuestra sociedad, a cómo la acompaña y le hace espacio, a cómo la medicina aborda el final de la vida o a si los profesionales de la salud o de la salud pública están preparados para acompañar una buena muerte.

Sin embargo, nuestra sociedad ha perdido las pautas socioculturales que nos ayudaban a incorporar la muerte, ha sustituido rituales por técnica y ha priorizado la lucha contra la muerte a la aceptación y preparación. Y estos hechos pueden estar detrás de un mal morir. Hemos pasado de una muerte domesticada y doméstica a lo que Ariès llama la «muerte salvaje».[9]

Las primeras veces que leí a Ariès tuve que detenerme en esta palabra. ¿Escribió *salvaje*?

Sí, salvaje.

Cuesta asimilar este adjetivo en una sociedad occidental que mira a otras culturas u épocas con cierto aire de superioridad o de supremacía. ¿Salvajes, nosotros? Somos capaces de viajar por el aire y atravesar océanos, hemos llegado a la luna, hemos duplicado la esperanza de vida, podemos producir más y mejores alimentos que cualquier otra civilización...

Sí, salvaje.

Salvaje porque ha perdido la familiaridad con el proceso y el bagaje de conocimientos, prácticas y rituales que le permitían convivir con ella.

9. Ariès, P., *op. cit.*

Salvaje porque ha enviado la muerte a la intimidad y al silencio. Cada persona y familia debe asumir el final de la vida de forma aislada, en soledad y con mayor desconocimiento. También con más coraje, impotencia y muchas veces con mayor sensación de injusticia.

Salvaje por la contradicción o incluso paradoja de que, cuando la medicina moderna ha permitido desarrollar los mejores conocimientos y habilidades no sólo para curar sino para afrontar dolor y abordar el sufrimiento, muchas muertes siguen provocando elevados padecimientos y miedos. En palabras de Ariès:

> No se ha aniquilado la muerte, ni el miedo a la muerte. Al contrario, ha dejado volver sinuosamente los antiguos salvajismos bajo la máscara de la técnica médica. La muerte en el hospital, erizada de tubos, está a punto de convertirse hoy día en una imagen popular, más terrorífica que el transido o el esqueleto de las retóricas macabras.[10]

Salvaje en el fondo porque esta pérdida de cercanía con la muerte en nuestra cultura no es sólo un fenómeno que hay que analizar desde el punto de vista antropológico o filosófico, sino que este alejamiento de la muerte tiene un costo directo sobre las personas.

La «desculturización de la muerte» provoca sufrimiento, pues al alejar la muerte de la sociedad estamos alejando a las personas del final de la vida y de sus familias, y apartamos a las personas en duelo. Su experiencia se vuelve más solitaria, dolorosa y cuesta más reconocer el camino que están transitando.

En una sociedad donde la muerte se ha convertido en un tema tabú, se ha trasladado de la plaza pública a la in-

10. Ariès, P., *El hombre ante la muerte*, Taurus, Madrid, 1983.

timidad de los hogares; debe vivirse en privado y de forma más aislada. Las personas somos seres sociales, y vivir el final de la vida y el duelo en la intimidad aumenta el sufrimiento, el desconocimiento y la sensación de extrañeza.

Del tabú del sexo al tabú de la muerte

La sociedad victoriana estuvo marcada por el tabú del sexo. La nuestra lo está por el tabú de la muerte. *Tabú* es aquello que se esconde, lo que está «prohibido» hablar delante de los niños, lo que es inadecuado cuando se plantea en reuniones sociales de forma abierta.

Hace generaciones, el sexo era escondido, negado, algo vergonzoso. Ahora es la muerte la que se ha escondido y alejado a las periferias: se muere en lugares especiales, en los que hay limitaciones importantes para acceder —hasta hace poco, los niños no podían visitar hospitales—, se vela en funerarias anónimas, con horarios precisos y envueltos en una cómoda burocratización, esconden el ataúd en rincones y, cuando uno va a dar el pésame, es difícil ver al difunto. Incluso la mayoría de las celebraciones fúnebres han pasado de tener el cuerpo presente —y bien presente, con el ataúd en el centro— a ser celebraciones de la persona y su vida, muy memorables, pero escondiendo el cuerpo.

No hablamos de la muerte con los niños, entendiendo que con ello los protegemos de una dura realidad, pero es su destino, ineludiblemente. Y siempre que sobreprotegemos a un niño con relación a una realidad, lo estamos desprotegiendo.

Siguiendo la analogía con el tabú del sexo, un interesante autor, Geoffrey Gorer, habla de que hay una cierta pornografía de la muerte.[11] Este antropólogo señala que mientras que la muerte ha desaparecido y se ha escondido en el entorno cotidiano y habitual, y se ha vuelto «inmencionable», ha aparecido una cierta exaltación de la muerte macabra. Los medios de comunicación se llenan de imágenes de muertes violentas y sangrientas, hay exposiciones de cadáveres momificados. ¿Recuerdan la exposición *Bodies. The exhibition*? ¿Y las imágenes de decapitaciones en horario estelar en el noticiero?

Hay una paradoja entre lo que visualizamos y el acercamiento a la muerte desde la experiencia vital, cercana y certera, y que se integra en ella. Gorer habla de una «pornografía de la muerte» porque, de cierta manera, hay un cierto espectáculo en algunas muertes; televisadas minuto a minuto, narradas hasta el detalle más siniestro...—. Pero este tipo de acercamientos a la muerte sigue quedando en lo lejano, en lo que pasa a los otros, pero no lo que me pueda pasar a mí o a los míos.

Diferentes factores influyen en este cambio de percepción de la muerte hasta convertirla en un tabú. Por un lado, hemos vivido —y en muy poco tiempo— profundos y extensos cambios sociales. Profundos porque han destruido de forma radical nuestra forma de ser, estar y entender el mundo. Y extensos porque abarcan casi todas las áreas de la vida de las personas.

Cambios socioculturales como la industrialización de la sociedad y la predominancia del espacio rural por el urbano. En la ciudad, la comunidad se diluye, y con ello lo hacen a su vez algunas tradiciones, prácticas y rituales; las familias extensas están desapareciendo, siendo sustituidas por núcleos familiares más pequeños. Las casas se convierten en pequeños departamentos y no queda espacio para velar la muerte.

11. Gorer, G., «The Pornography of Death», *Death, Grief, and Mourning*, Doubleday, Nueva York, 1955.

Entre los profundos cambios socioculturales emerge el individualismo, y como comenta Ariès, «el individualismo ante este mundo y el más allá parece apartar al hombre de la resignación confiada o fatigada de las edades inmemoriales».[12]

La muerte deja de ser domesticada y doméstica.

Poco a poco, casi de forma imperceptible, se llega a esa muerte más aislada y se envía a las periferias, tanto de las ciudades como de nuestras propias vidas. Se pasa de morir en la propia cama, en casa, a hacerlo en camas impersonales de hospitales. De velar en casa a hacerlo en funerarias neutras en las afueras. Incluso los velatorios empiezan a tener horario de oficina, abiertos de nueve a nueve, y se dejan los cadáveres solos durante la noche.

Hace más o menos un siglo también se transformaron los hospitales. Nacieron como asilos para personas sin recursos, enfermos mentales o peregrinos, y poco a poco se transformaron en centros para proveer cuidados médicos complejos. Con ello se empezaron a enviar a los enfermos que estaban al final de su vida para encontrar curación, más que cuidado.

En el hospital, las visitas se restringieron, e incluso hasta hace poco los familiares tenían horarios muy limitados. En mi época de formación como residente de pediatría, no hace demasiado, los niños, tanto recién nacidos como estudiantes eran internados sin sus padres, y estos tenían horarios restringidos de visitas.

Lo prioritario era la atención, no tanto la compañía, con lo que desapareció el ritual alrededor del enfermo, acompañado de toda su familia. Hasta hace muy poco, también las visitas de los niños a sus familiares enfermos estaban prohibidas. El lecho del moribundo dejó de ser pú-

12. Ariès, P., *op. cit.*

blico, en todo caso, como algo perteneciente a los profesionales de la salud.

Los funerales se transformaron en algo aséptico, en velatorios blancos y luminosos en los que nada recordaba a la muerte. En la actualidad, hay que atravesar salas y salitas para encontrar a la persona fallecida, y uno puede ir tranquilamente a dar el pésame sin ver ningún ataúd. Recuerdo un entierro al que asistí hace poco, en uno de estos centros modernos: era una ceremonia religiosa acompañada de un cuarteto de violines. El ataúd se desplazó con una cinta por detrás del sacerdote y de los músicos, quedando casi escondido. ¡Incluso un funeral de cuerpo presente es capaz de evitar la referencia al cadáver!

Y los niños y adolescentes, así como no se les permitía entrar en los hospitales, también fueron desapareciendo de velatorios y ceremonias. No eran sitios para menores.

Al mismo tiempo, poco a poco, el luto fue desapareciendo y el duelo se fue arrinconando a la intimidad. El tiempo de la muerte comenzó a acelerarse. En la actualidad, esperamos que las personas se reincorporen rápido al trabajo después de perder a un ser querido y que en pocos meses (semanas, incluso) hayan dado vuelta a la página.

Es curioso cómo, de forma progresiva, han ido aumentando los permisos de baja por maternidad y paternidad, pero mantenemos en pocos días los permisos por fallecimiento de un familiar de primer grado, y casi han desaparecido en el caso de familiares de segundo grado. ¿Consideramos que una persona, después de tres días de fallecer su hijo o su pareja, volverá a la normalidad?

Hay prisa para esconder a la muerte.

Ariès identifica el principio del fin con un conocido cuento de Tolstói, *La muerte de Iván Ilich*. El historiador francés marca el comienzo de esa nueva etapa de relación con la muerte con una mentira aceptada por todos: el ocultamiento a la propia persona del hecho que está en un proceso de morir.

> El mayor tormento de Iván Ilich era la mentira, la mentira que por algún motivo todos aceptaban, según la cual él no estaba muriéndose, sino que sólo estaba enfermo, y que bastaba con que se mantuviera tranquilo y se atuviera a su tratamiento para que se pusiera bien del todo. Él sabía, sin embargo, que hicieran lo que hicieran nada resultaría de ello, salvo padecimientos aún más agudos y la muerte. Y le atormentaba esa mentira, le atormentaba que no quisieran admitir que todos ellos sabían que era mentira y que él lo sabía también, y que le mintieran acerca de su horrible estado y se aprestaran, más aún, le obligaran a participar en esa mentira.[13]

Se inicia la etapa de la muerte salvaje en soledad, el grito que Iván Ilich nunca llega a emitir: «¡Dejen de mentir! ¡Ustedes bien saben, y yo sé, que me estoy muriendo! ¡Por lo menos dejen de mentir!». Ilich participó, angustiado, en esa mentira y nunca fue capaz de emitir su grito de protesta.

Aunque el inicio de esa mentira es proteger al enfermo de su proceso, entraña un profundo cambio en la consideración de este. Desde la exaltación de la toma de conciencia de la cercanía del final hasta su ocultamiento han pasado muy pocos decenios, pero ha generado un marcado cambio de perspectiva.

Ariès lo describe muy bien:

> Pero, muy pronto, este sentimiento fue recubierto por una sensación diferente, característica de la modernidad: evitar, no ya al moribundo, sino a la sociedad, al entorno mismo, una turbación y una emoción demasiado fuertes, insostenibles,

13. Tolstói, L., *La muerte de Iván Ilich*, E-artnow, Praga, 2014.

causadas por la fealdad de la agonía y la mera irrupción de la muerte en plena felicidad de la vida, puesto que ya se admite que la vida es siempre dichosa o debe siempre parecerlo.[14]

Este ocultamiento se ha mantenido hasta nuestros días, sobre todo en el ámbito de influencia más mediterráneo y latino, y recibe un curioso nombre: «conspiración del silencio». Unos capítulos más adelante, cuando hablemos de la dificultad de la toma de decisiones al final de la vida, volveremos a ella.

Y desaparecieron los rituales

Estos cambios sociales descritos se asocian a la pérdida de rituales y símbolos que ayudan a «ordenar» la muerte, pero no sólo se pierden estos, sino también los grandes relatos compartidos.

El filósofo francés Jean-François Lyotard explica a los niños —y a los mayores— que la posmodernidad, esta época líquida y fluida, ha representado la desaparición de los metarrelatos.[15]

Las grandes historias habían marcado la modernidad y sustituyeron a los anteriores, más tradicionales. Los metarrelatos no eran mitos ni fábulas, sino creencias compartidas, como la emancipación progresiva de la razón y de la libertad o el progreso a través de la tecnociencia... Daban forma a instituciones, prácticas sociales y políticas, e influían en las legislaciones, las éticas o las maneras de pensar.

Según Lyotard, en nuestra época posmoderna ya no te-

14. Ariès, P., *op. cit.*

15. Lyotard J.-F., *La posmodernidad (explicada a los niños)*, Gedisa, Barcelona, 2012.

nemos grandes relatos compartidos, aunque los rituales y símbolos están muy ligados a ellos. Quedan, por supuesto, narraciones comunes, grandes historias que nos explica el cine o las series, pero ya no son necesariamente compartidas por toda la sociedad ni cumplen la función de ideal común.

Desde el principio de los tiempos, los relatos, símbolos y rituales, ayudaron a la humanidad a afrontar todo lo que no podía explicar, pero requerían un espacio común: no podían pertenecer a un individuo, sino a la sociedad. Sin comunidad, no hay rituales.

Los rituales ordenan el tiempo. Hacen que un día y una hora sean distintos a otros días y horas, y por ese mismo orden, confortan.

Saint-Exupéry explica muy bien qué es un ritual en *El principito*:

> —Hubiese sido mejor regresar a la misma hora —dijo el Zorro—. Si vienes, por ejemplo, a las cuatro de la tarde, ya desde las tres comenzaré a estar feliz. Cuanto más avance la hora, más feliz me sentiré. Al llegar las cuatro, me agitaré y me inquietaré; ¡descubriré el precio de la felicidad! Pero si vienes en cualquier momento, nunca sabré a qué hora preparar mi corazón... Es bueno que haya ritos.
>
> —¿Qué es un rito? —dijo el Principito.
>
> —Es algo también demasiado olvidado —dijo el Zorro—. Es lo que hace que un día sea diferente de los otros días, una hora de las otras horas.

Los ritos ayudan a transitar por un terreno desconocido. A través de su transmisión, la comunidad llega a una cierta sabiduría compartida y conocimiento acumulado.

En *La desaparición de los rituales: una topología del presente*, dice Byung-Chul Han, el conocido filósofo coreano afincado en Alemania:

> Al tiempo le falta hoy un armazón firme. No es una casa, sino un flujo inconsistente. Se desintegra en la mera sucesión de un presente puntual. Se precipita sin interrupción. Nada le ofrece asidero. El tiempo que se precipita sin interrupción no es habitable. Los rituales dan estabilidad a la vida.[16]

Los rituales ayudan a ordenar el tiempo, a poner orden en el caos, la desesperación o el sinsentido que puede representar la muerte. Una gran cuestión es si puede haber una sociedad en el sentido amplio de la palabra, sin relatos o rituales compartidos. Quizá la construcción pase por pequeños grupos dentro de la sociedad, amigos morales que todavía los puedan compartir.

Y continúa Han: «Los ritos son acciones simbólicas. Transmiten y representan valores que mantienen cohesionada una sociedad. Generan una comunidad sin comunicar, mientras que hoy predomina la comunicación sin comunidad». Generan comunidad sin comunicación, y la comunidad es fundamental en el final de la vida y duelo.

La pérdida de esta relación estrecha de nuestra comunidad con la muerte tiene un costo, no sólo en análisis sociológicos o culturales, sino sobre las personas. La «desculturización de la muerte» provoca sufrimiento, pues al alejar la muerte de la sociedad estamos apartando de sus familias a las personas que se encuentran en el final de la vida, y alejamos aún más a los que están en duelo.

La muerte, pues, se ha «desculturizado»: se ha alejado de la vivencia doméstica y cotidiana y ha perdido aquellas formas que la ordenaban e intentaban «domarla». En una sociedad donde la muerte se ha convertido en un tema tabú, ésta ha salido de la plaza pública y se ha transformado en un

16. Han, B.-C., *La desaparición de los rituales: una topología del presente*, Herder, Barcelona, 2020.

hecho privado, aislado y en soledad. El sufrimiento al final de la vida y el duelo se vive en la intimidad, con poco recorrido de las manifestaciones externas y poca tolerancia social a la persona que las muestra.

La medicalización de la muerte

De forma paralela a la individualización, la industrialización y la pérdida de símbolos y rituales, la muerte se ha convertido en un problema médico.

El gran progreso científico-técnico de la medicina ha llevado a un crecimiento casi exponencial de la expectativa de vida, y este hecho ha cambiado tanto la percepción como la vivencia de la muerte. Durante el siglo xx, la esperanza de vida se incrementó de forma paulatina hasta duplicarse.

En España, la expectativa de vida en 1900 era de 34.7 años; en 1940, de 50 años; casi a punto de terminar el siglo, en 1990, de 78.5 años. En el siglo xxi, antes de la pandemia de la COVID-19, esta tendencia se había desacelerado, pero seguía con un lento incremento. La pandemia ha representado una pequeña inflexión en este largo periodo. Se calcula que, en el primer año de pandemia, la esperanza de vida se redujo un año.

Este aumento paulatino de la esperanza de vida a lo largo del siglo xxi es seguramente uno de los factores que más han contribuido al cambio de percepción de la muerte. Como comenta Steven Johnson, escritor y divulgador científico, en *Extra Life: A Short Story of Living Longer*, los grandes avances y progresos de la humanidad habían conseguido poco impacto en la vida promedio hasta este momento:

> Los seres humanos habían pasado diez mil años inventando la agricultura, la pólvora, la contabilidad de doble entrada, la

> perspectiva en la pintura, pero estos innegables avances en el conocimiento humano colectivo no habían conseguido mover la aguja en un área crítica, la longitud de la vida. Durante la mayor parte de nuestra larga historia como especie, nuestra esperanza de vida promedio se limitó a unos treinta y cinco años. Pero entre la gripe española de 1918 y la pandemia de coronavirus de 2020, la esperanza de vida mundial se duplicó [...] la mayoría no se ha debido a terapias de gran éxito ni a medicamentos costosos, sino a ideas poco atractivas y de baja tecnología, como la cloración del agua o mejores técnicas para tratar la deshidratación.[17]

Este incremento continuado se ha debido en gran parte, tal como comenta Johnson, a la mejora de las condiciones higiénicas, vivienda y alimentación, pero no podemos obviar el enorme desarrollo biomédico y biotecnológico para mejorar no sólo la expectativa de vida, sino la calidad de la misma.

En este contexto, la muerte deja de ser un hecho connatural a la vida y se convierte en un problema que debe resolver la medicina. Los continuos avances pueden producir incluso la percepción de que morir es casi opcional, o que es un fracaso de la ciencia.

«La muerte no es más que una serie de enfermedades prevenibles.» Esta frase se la debemos a William Haseltine, un personaje peculiar que no sabemos si llamarlo investigador, emprendedor o empresario. A lo largo de su carrera científica ha liderado proyectos en ámbitos tan diversos como el sida, el cáncer o la genética. Pero fijémonos en la frase y en lo que implica. Si la muerte es sólo una serie de enfermedades prevenibles, la podríamos evitar previniendo

17. Johnson, S., *Extra Life: A Short Story of Living Longer*, Riverhead Books, Nueva York, 2021.

esas enfermedades (valga la redundancia). El mito en versión moderna, la ciencia y la tecnología prometen lo mismo que los dioses griegos: la inmortalidad.

Si la muerte deja de ser aceptada como un hecho natural o inevitable, se convierte en un problema que debe resolverse, y si no es así, será más difícil de aceptar. Cuando llegue el momento, si no está aceptado, siempre será culpa de alguien o se deberá a un error.

Aunque en el fondo seguimos reconociendo que somos mortales, hoy cuesta mucho más aceptar que el momento final ha llegado. Quizá no seremos tan ilusos como para creer que estamos a las puertas de la inmortalidad biomédica, pero cuesta muchísimo más aceptar que no hay tratamiento efectivo para determinadas enfermedades o estadios del cáncer.

Esa ilusión no nace de la nada. Una de sus causas es el espectacular aumento de nuestra expectativa de vida, que prácticamente se ha producido en una generación. A ello se suman grandes titulares de prensa, no sólo de revistas especializadas, sino de periódicos de gran tiraje o televisiones de gran difusión, que van recordando nuevos avances y logros, insistiendo en que está muy cerca el fin de X. Podemos sustituir la X por la enfermedad que queramos: cáncer, diabetes, Alzheimer o Parkinson.

Hay, por supuesto, grandes avances, pero la comunicación científica tiene el deber de no generar falsas expectativas, y de ponderar el peso de los logros obtenidos.

Si no, se va creando un imaginario generacional en que la batalla contra la muerte será vencida por médicos-héroes. Con ello, a las familias que viven con enfermedades cerca del final de la vida les cuesta muchísimo más aceptar ese final.

Resulta también curioso analizar algunas de las series sobre hospitales que han triunfado en las últimas décadas. Me gusta preguntar a los estudiantes de medicina cuál es su serie médica favorita: «Dime cuál es tu serie médica preferida y te diré qué idea tienes de la medicina». Entre sus respuestas aparecen grandes nombres como *Grey's Anatomy*, *Dr. House*, por supuesto, *The Good Doctor* o *New Amsterdam*.

Es bueno analizar qué perfil de médico plantean estas series, pero también qué idea de la medicina dejan entrever. Independientemente de los matices concretos y diferenciadores de cada una, hay una narrativa coincidente —¡recuerden el valor de las narrativas para explicarnos y crear la realidad!—, hay un relato bastante uniforme de «lucha contra la muerte». Demasiado a menudo, en ellas se muestran casos extremos, límites o desesperados a los que el médico-héroe encuentra soluciones casi milagrosas y, por supuesto, biomédicas o biotecnológicas. Existen también casos que no pueden resolverse, como representación de los fracasos de esta nueva medicina.

Estos hechos producen una enorme ambivalencia al final de la vida, tanto médica como social. Cuesta más aceptar el final de la vida como un hecho natural, detener tratamientos que pueden estar produciendo daño o molestias al paciente. El imaginario nos muestra que siempre se puede hacer más, y nos crea una imagen falsa de los casos excepcionales. La ambivalencia provoca también mayor dificultad de aceptación y la posibilidad de «sobretratar» e instrumentalizar el final de la vida, produciendo, por lo tanto, más sufrimiento.

De la aceptación resignada a la lucha encarnizada. Estas dos posturas extremas han marcado dos épocas distintas de la humanidad y su relación con la muerte. Ambas representan ventajas, pero también riesgos.

La muerte domesticada no era siempre tranquila o esperada. Había también mucho dolor y miedo alrededor de la muerte, y sufrimiento, por supuesto, pero era conocida, de cierta manera doméstica. Difícilmente volveremos a esa época de cercanía y *Ars Moriendi*, pero la alternativa a una concienzuda preparación y aceptación al final de la vida no puede ni debe mantener esa vida a toda costa.

El problema es que, aunque no hablemos de ella, la muerte sigue allí, inexorable, presente en la realidad de muchas personas que pasan por un proceso de final de la vida, acompañan a sus familiares o están de duelo, pero ausente en la cotidianidad de nuestra sociedad, sin espacio en la «plaza pública».

Algún día todos vamos a morir, y casi todos viviremos el duelo por la pérdida de una persona cercana y querida. Conocer el territorio y tener una serie de referencias —sociales, culturales, familiares o vitales— nos ayudarán a transitarlo. No evitará sufrimiento, pero sí el desamparo, el caos o la soledad.

Deberemos reaprender a hablar de la muerte y a convivir con ella en una sociedad en la que ya no repican las campanas tocando a muerte.

Tenemos que reincorporar la muerte a nuestra sociedad como parte intrínseca e ineludible de nuestra vida, y ello nos puede ayudar tanto a vivir como a morir mejor. Pero para ello debemos ser capaces de volver a hablar de la muerte.

3

Hablar de la muerte ayuda a vivir mejor

> Que la vida iba en serio uno lo empieza a comprender más tarde.
>
> Jaime Gil de Biedma,
> «No volveré a ser joven», *Poemas póstumos*
>
> *(I Can't Get No) Satisfaction*,
> The Rolling Stones

Este capítulo implica un enorme reto. Hemos repasado la época de la relación «natural» de la sociedad ante la muerte y cómo esta actitud ha derivado en el tabú de la muerte en prácticamente una generación, produciendo un aumento del sufrimiento en el final de la vida. Pero ¿podemos afirmar que hablar de la muerte nos ayudará a vivir mejor?

En su poema, Gil de Biedma nos acerca a la toma de conciencia de la finitud y nos indica que esa conciencia acostumbra a llegar demasiado tarde. Ser consciente de lo efímero de nuestra existencia puede dar más valor a aquello que se vive, a la propia vida.

A menudo estamos perdidos entre el peso del pasado y la proyección al futuro, olvidando que lo único de lo que disponemos es el presente. Uno de los aprendizajes de la finitud es dar valor al tiempo presente. La palabra *presente* tiene dos acepciones: por una parte, representa el tiempo y el momento actual, pero, por otra, es también un regalo. Por eso podríamos decir que el presente es un presente único e irrepetible.

En el siglo v, cuando le preguntaron a san Agustín «¿Qué es el tiempo?», contestó:

> ¿Qué es, pues, el tiempo? Si nadie me lo pregunta, lo sé; pero si quiero explicárselo al que me lo pregunta, no lo sé. Lo que sí digo sin vacilación es que sé que si nada pasase no habría tiempo pasado; y si nada sucediese, no habría tiempo futuro; y si nada existiese, no habría tiempo presente. Pero aquellos dos tiempos, pretérito y futuro, ¿cómo pueden ser, si el pretérito ya no es y el futuro todavía no es?[18]

Señalaba que los tiempos son tres, pero en realidad es sólo uno:

> Tres son los tiempos: pasado, presente y futuro. Y más propiamente acaso se diría: tres son los tiempos, presente de las cosas pasadas, presente de las presentes y presente de las futuras. Porque estas tres presencias tienen algún ser en mi alma, y solamente las veo y percibo en ella. Lo presente de las cosas pasadas es la actual memoria o recuerdo de ellas; lo presente de las cosas presentes es la actual consideración de alguna cosa presente, y lo presente de las cosas futuras es la actual expectación de ellas.[19]

Tenemos sólo el presente: un presente de las cosas pasadas (la memoria), un presente de las cosas presentes y un presente de las cosas futuras (la espera).

18. San Agustín, *Confesiones*, Alianza Editorial, Madrid, 2011.
19. San Agustín, *op. cit.*

Muchas veces vivimos entre la memoria y la espera, entre el pasado —que nos da forma y estructura— y el futuro —que nos ofrece proyectos y esperanza—. Pero el riesgo es olvidar el presente, la actualidad, perdidos entre la carga de la memoria y la promesa de futuro.

La conciencia de finitud nos ancla en el presente y nos recuerda su valor.

Tiempo vivido

Entre el pasado y el futuro, a menudo podemos tener la sensación de que no vivimos en profundidad, que se nos va la vida. Pero ¿qué sería una vida plena?

Una pequeña historia tradicional, que recoge el cuentacuentos Bucay, lo explica así:

> Ésta es la historia de un hombre al que yo definiría como Buscador.
>
> Un Buscador es alguien que busca. No necesariamente es alguien que encuentra. Tampoco es alguien que sabe lo que está buscando. Es simplemente alguien para quien su vida es una búsqueda.
>
> Un día, un buscador sintió que debía ir hacia la ciudad de Kammir, y como había aprendido a hacer caso a las sensaciones que venían de un lugar desconocido de sí mismo, dejó todo y partió.
>
> Después de dos días de marcha divisó, a lo lejos, Kammir. Poco antes de llegar al pueblo, una hermosa colina le llamó mucho la atención. Se dirigió hacia ella y empezó a caminar lentamente entre las piedras blancas que estaban distribuidas al azar entre los árboles. Dejó que sus ojos se posaran como mariposas en cada detalle de este paraíso multicolor.
>
> Como era un buscador descubrió, sobre una de las pie-

dras, aquella inscripción... «Abdul Tareg vivió ocho años, seis meses, dos semanas y tres días.» Se sobrecogió un poco al darse cuenta de que esa piedra era una lápida y sintió pena al pensar que un niño estuviera enterrado en ese lugar. Mirando a su alrededor el hombre se dio cuenta de que la piedra de al lado también tenía una inscripción. Se acercó a leerla, decía: «Yamir Kalib vivió cinco años, ocho meses y tres semanas».

Se sintió conmocionado. Este hermoso lugar era un cementerio, y cada piedra, una tumba. Todas tenían inscripciones similares: un nombre y el tiempo de vida exacto del muerto, pero lo que lo espantó fue comprobar que el que más tiempo había vivido sobrepasaba apenas los once años. El cuidador del cementerio pasaba por ahí y se acercó; el buscador le dijo: «¿Qué cosa tan terrible hay en esta ciudad? ¿Por qué hay tantos niños muertos enterrados aquí?».

El anciano se sonrió y dijo: «Puede usted serenarse. Lo que pasa es que tenemos una vieja costumbre, le contaré. Cuando un joven cumple quince años, sus padres le regalan una libreta y es tradición que, a partir de allí, cada vez que uno disfruta intensamente de algo, abre la libreta y anota en ella: a la izquierda, qué fue lo disfrutado y, a la derecha, cuánto tiempo duró el gozo. Conoció a su novia y se enamoró de ella. ¿Cuánto tiempo duró esa pasión enorme? ¿Una semana? ¿Dos? Así vamos anotando en la libreta cada momento que disfrutamos. Luego, cuando alguien se muere, abrimos su libreta y sumamos el tiempo disfrutado para escribirlo sobre su tumba, porque ése es, para nosotros, el único y verdadero tiempo vivido.[20]

Tiempo vivido.

El tiempo disfrutado en plenitud, del que uno nunca se arrepiente. Séneca, filósofo romano, lo sintetiza así: «La

20. Bucay, J., *Cuentos para pensar. Siempre hay un cuento para cada quien*, Océano, Barcelona, 2019.

vida es como una leyenda: no importa que sea larga, sino que esté bien narrada».

Non, je ne regrette rien

Édith Piaf cantaba así su famoso «No, no me arrepiento de nada». Es curioso cómo la canción más conocida de esta cantante, con una vida nada fácil y marcada por la miseria, las drogas y las desgracias, fuera justo ésta, ese «No, no me arrepiento de nada». Con su voz característica, la convertía en un himno desgarrador.

El problema es que, en general, sí que nos arrepentimos, y de muchas cosas. Arrepentirse es muy humano y no necesariamente negativo, ya que nos permite revisitar el pasado y retejer el futuro. Lo malo es arrepentirse de demasiadas cosas o hacerlo cuando ya es tarde. Bronnie Ware es un personaje interesante, de esos que encontramos por los caminos de la muerte. Después de comenzar en múltiples puestos y haberlos abandonado todos —incluyendo un trabajo formal y estable en la banca—, y tras cambiar de país y vivir con lo indispensable, encontró su vocación como cuidadora de enfermos terminales.

Un día se animó a escribir un pequeño artículo en su blog sobre los cinco arrepentimientos más comunes de las personas que llegan al final de la vida y se volvió viral. Después de varios millones de entradas, decidió convertirlo en un libro.[21]

En él explica diferentes historias —de nuevo la narrativa...— de las distintas personas a las que ha cuidado, y cómo

21. Ware, B., *The Top Five Regrets of the Dying. A Life Transformed by the Dearly Departing*, Hay House, Carlsbad, 2012. Versión española de Marcos Pérez Sánchez, *Los cinco mandamientos para tener una vida plena: ¿De qué no deberías arrepentirte nunca*, Debolsillo, Barcelona, 2021.

estos cinco puntos habían ido surgiendo siempre al final de sus vidas. ¿De qué se lamentan estas personas antes de morir? Estos son cinco grandes arrepentimientos:

1. Debería haber tenido el coraje de vivir una vida fiel a mí mismo, no según lo que los otros piensen de mí.

Según Ware, este es el arrepentimiento más común. Comenta:

> Cuando las personas se dan cuenta de que su vida casi ha terminado y miran hacia atrás con claridad, es fácil ver cuántos sueños no se han cumplido. La mayoría de las personas no ha cumplido ni la mitad de sus sueños y tuvo que morir sabiendo que se debía a decisiones que había tomado o no. La salud trae una libertad de la que muy pocos se dan cuenta hasta que ya no la tienen.

Ser conscientes de la finitud nos hace mucho más conscientes de vivir más de acuerdo con nuestros sueños. Todos tenemos proyectos o posibilidades, y la sensación de una eternidad para cumplirlos.

Vivir una experiencia de enfermedad propia, de una persona querida o la muerte de alguien cercano muchas veces es el detonante para tomarse en serio esos sueños siempre postergados.

2. Desearía no haber trabajado tan duro.

Este sería uno de los lamentos más frecuentes entre el género masculino. Trabajar demasiado y haber dispuesto de poco tiempo para estar con los hijos, verlos crecer, estar en compañía de la pareja... Muchas de estas personas habían basado su vida sólo en el trabajo.

Es la imagen del río que fluye rápido, como la vida, y cómo el tiempo que pasa no puede recuperarse.

3. Desearía haber tenido el valor de expresar mis sentimientos.

Muchas personas reprimieron sus sentimientos para mantener la paz con los demás. Como resultado, se conformaron con una existencia mediocre y nunca llegaron a ser quienes realmente eran capaces de llegar a ser.

Este es un tema complejo, pues quizá no sería tanto haber expresado en todo momento y lugar mis emociones y sentimientos, sino haber encontrado el tono adecuado y asertivo para hacerlo de forma madura. Complicado, ¿no? Pero no imposible.

4. Desearía haber disfrutado más de mis amigos y de mi familia.

A menudo no se daban cuenta de todos los beneficios de los viejos amigos hasta las últimas semanas, y no siempre era posible localizarlos. Muchos se habían enredado tanto en sus propias vidas que habían dejado escapar amistades doradas a lo largo de los años. Hubo muchos arrepentimientos profundos por no haberle dado a las amistades el tiempo y el esfuerzo que se merecían. Todos extrañan a sus amigos cuando están muriendo.

Amigos y familia, contacto y calor humano, como pilares fundamentales de nuestra vida.

5. Debería haber sido más feliz.

Este es uno sorprendentemente común. Muchos no se dieron cuenta hasta el final de que la felicidad es una elección. Se habían quedado atrapados en viejos patrones y hábitos. El miedo al cambio los hizo fingir ante los demás, y ante sí mismos, que estaban contentos, cuando en el fondo, anhelaban haber reído más, e incluso haber hecho más tonterías en su vida.

Ser más feliz como opción de vida nos hace plantear si podemos definir qué es la felicidad o si es un concepto, como cuando hablaba san Agustín del tiempo, que cuando no tengo que definirlo sé lo que es, pero si quiero explicarlo, no lo sé hacer.

Felicidad, tiempo vivido y psicología

La preocupación por la felicidad o la «vida buena», así también como por la muerte y el morir, ha sido uno de los principales ejes de estudio de la filosofía. Muy recientemente se ha desarrollado el estudio científico de los elementos vinculados al bienestar, la felicidad, la esperanza o el optimismo.

La llamada *psicología positiva* nace a finales del siglo XX de la mano de Martin Seligman. Hasta entonces, gran parte del estudio de la psicología se había centrado en abordar las enfermedades mentales, los trastornos y los tratamientos. También Seligman había empezado a ser conocido por desarrollar el modelo de indefensión aprendida como uno de los que permitían explicar la depresión.

Cuando lo eligieron presidente de la Asociación Americana de Psicología, en el discurso de entrada, Seligman explicó cómo cambió de perspectiva después de una conversación con su hija de cinco años. Cuenta que un día su hija

Niki estaba jugando con unas malas hierbas, corriendo y gritando, mientras él estaba trabajando en el jardín, así que acabó gritándole para que se callara. Es una escena común que cualquiera que ha sido madre o padre reconocerá, pero con conclusiones bien diferentes en el caso de Seligman. Lo explica así:

> Estaba quitando las malas hierbas de mi jardín. Lo estaba haciendo de forma muy profesional. Todo el que tenga un jardín sabe que quitar la maleza no es un divertimento. Mientras yo me dedicaba con tanto esmero a esa tarea, mi hija Niki se lo pasaba muy bien tirando las malas hierbas al aire, cantando, riendo. En un momento le dije enfadado: «Niki, hay que trabajar». Ella se fue un momento y volvió.
>
> —¿Puedo hablar contigo, papá? —me preguntó Niki.
>
> —Sí, claro —le contesté.
>
> — ¿Te has dado cuenta de que desde que cumplí cinco años no he vuelto a lloriquear? Papá, cuando cumplí cinco años decidí que no volvería a llorar. Eso es lo más importante que jamás haya hecho. Y si yo he sido capaz de dejar de llorar, tú debes ser capaz de dejar de ser un gruñón.
>
> Saqué tres conclusiones de esa afirmación de mi pequeña Niki. La primera es que, efectivamente, era un gruñón. Lo que mejor sabía hacer era diagnosticar, decir las cosas que estaban mal, equivocadas a mi juicio. Decidí por primera vez en mi vida que iba a dejar de ser una continua nube tormentosa que se iba cerniendo sobre los demás.
>
> La segunda conclusión que Niki me demostró es que el pensamiento hasta entonces existente sobre el desarrollo de los niños estaba equivocado. Yo tengo siete hijos y estaba completamente equivocado. Lo que hasta entonces pensaba era que, para tener un niño ejemplar, lo que había que conseguir era corregir todos sus errores. Niki me demostraba en su afirmación que no era la ausencia de lo negativo, sino la presencia

> de lo positivo, lo que había que explorar y explotar. Se trataba de que la educación potenciara sus virtudes, sus aspectos positivos, y no tanto centrar la atención en conseguir eliminar sus errores.
>
> Y la tercera conclusión que saqué tenía que ver con que la psicología estaba sólo medio cocinada. La media parte que estaba bien cocinada y de la que me sentía orgulloso es que la psicología servía para aliviar el sufrimiento. Pero la otra mitad no cocinada era que la psicología podía ayudar a tener bienestar. Y esa parte no estaba cocinada porque no había una teoría, no había forma de medir el bienestar y no había intervenciones para mejorar ese bienestar.[22]

Así nace la psicología positiva como disciplina orientada al estudio científico de la felicidad. En el ámbito individual, se centra en los rasgos individuales positivos, como la capacidad de amar, la vocación, la perseverancia, el optimismo, el perdón, la originalidad, la visión de futuro, la espiritualidad, el talento o la sabiduría. En el ámbito colectivo, se centra en el desarrollo de las virtudes cívicas y de las instituciones, como la responsabilidad, el altruismo, la tolerancia o la ética. Es la psicología dedicada no sólo a arreglar lo que está roto, sino a buscar lo mejor de cada uno y de las sociedades.

Los estudios de Seligman se han basado en la felicidad, el optimismo y la pedagogía en los niños. Para este autor, la clave para una vida más plena y feliz se encuentra en el desarrollo de las fortalezas y virtudes del ser humano, lo que fomenta la sabiduría y el conocimiento, el coraje, la humanidad, la justicia, la templanza y la trascendencia.

Otro autor muy interesante, compañero de Seligman en el camino de la psicología positiva, es Mihály Csíkszentmi-

22. Seligman, M. E., *La auténtica felicidad*, B de Books, Barcelona, 2017.

hályi. Este psicólogo de origen húngaro, asentado en Estados Unidos, después de vivir duras experiencias en la Segunda Guerra Mundial de niño, se preguntó al inicio de su carrera qué hacía que una vida valiera la pena: «¿Qué da valor y significado a las vidas de las personas o las hace más felices?».

Csíkszentmihályi ha desarrollado una interesante teoría sobre la felicidad y el bienestar que puede ayudarnos a entender qué podría ser parte del tiempo vivido: la teoría del flujo de las experiencias óptimas, que llamó flujo o *flow*.

Esta teoría hipotetiza que «la felicidad no es algo que se alcance sino más bien un estado que se transita, más relacionado con la interpretación que cada uno hace del mundo que con los eventos externos que le ocurren».

Por ejemplo, sabemos que el dinero no necesariamente aumenta la felicidad. Múltiples estudios apuntan que, a partir de cierto nivel de ingresos, la felicidad no se incrementa, es decir, el aumento de bienestar material no incrementa la tasa medida de felicidad. Al contrario, la carencia de recursos básicos de supervivencia o materiales provoca infelicidad, olvidemos aquello de que «son pobres, pero más felices».

¿Qué es el «fluir»? *Flow* o flujo es el estado mental en que la gente está tan absorta en su actividad que olvida todo lo demás. La experiencia sería tan gratificante en sí misma que, aunque cueste un gran esfuerzo completarla, lo haremos sin cuestionárnoslo.

En alguno de sus estudios, Csíkszentmihályi mide en diferentes momentos del día qué estaban haciendo las personas que participaban en su investigación, cómo se sentían o en qué estaban pensando. Con ello podían establecer cuáles eran las actividades que producían mayor o menor bienestar, y se dio cuenta de que estas actividades estaban relacionadas con la dificultad y las capacidades de las personas.

Son actividades que interesan y permiten concentrar la atención, combinando conciencia y acción. Deben representar cierto desafío, con metas claras, pero que también den retroalimentación. En ellas, se pierde el sentido del tiempo y la persona se abstrae de la realidad, por lo que deja de pensar en sí misma.

La felicidad es, para este autor, el estado vital que se experimenta cuando las personas se centran en cuerpo y mente en un objetivo que les parece que vale la pena. Sería fantástico que todos pudieran tener un trabajo que coincidiera con este «flujo», como alguien comentaba: «Me encantan los fines de semana, pues puedo trabajar sin que me molesten».

Este concepto no estaría tan lejos del que describía el filósofo español Ortega y Gasset:

> Hay una vocación general y común a todos los hombres. Todo hombre, en efecto, se siente llamado a ser feliz; pero en cada individuo esa difusa apelación se concreta en un perfil más o menos singular con que la felicidad se le presenta. Felicidad es la vida dedicada a ocupaciones para las cuales cada hombre tiene singular vocación. Metido en ellas, no echa de menos nada; íntegro le llena el presente, libre de afán y nostalgia. Ejercitamos las actividades trabajosas no por estimación alguna de ellas, sino por el resultado que tras sí dejan, en tanto que nos entregamos a ocupaciones vocacionales por complacencia en ellas mismas, sin importarnos su ulterior rendimiento. Por eso deseamos que no concluyan nunca. Quisiéramos perennizarlas, eternizarlas. Y, en verdad, que absortos en una ocupación feliz sentimos un regusto, como estelar, de eternidad.[23]

23. Ortega y Gasset, J., Prólogo a *Veinte años de caza mayor del conde de Yebes*. Ediciones de la Universidad de Castilla-La Mancha, Cuenca, 1999.

Sentir un placer, un deseo, como estelar, de eternidad, es una de las descripciones más preciosas sobre la felicidad ligada a una actividad.

Es verdad que quizá no todo el mundo pueda fluir en su trabajo. Sin embargo, puede realizarlo en sus actividades preferidas o sus aficiones. Hay muchas experiencias que nos ayudan a crear flujo: jugar, bailar, practicar algún deporte, tocar un instrumento, realizar voluntariado, incluso trabajar.

Aumentar las experiencias óptimas hará crecer la cantidad de tiempo vivido. Es importante reconocer cuándo las vivimos.

Leer a Csíkszentmihályi me ayudó a reconocerlas y a ponerles nombre. Creía tener vocación de médico (y aún lo creo), pero difícilmente puedo experimentar la sensación de fluir en consulta. Es verdad que experimentas percepciones parecidas, como focalizar la atención o perder el sentido del tiempo, pero después de un día lleno de consultas reconozco que acabo muy cansada.

Sin embargo, aprendí a reconocer que dar clases es una experiencia de fluir para mí: puedo entrar en el aula muy cansada y después de dos o tres horas salir descansada... El problema es que no tengo claro si mis alumnos opinan lo mismo, ¡sobre todo por mi molesta costumbre de perder la noción del tiempo divagando durante las clases!

Tiempo vivido: valores, sentido y espiritualidad

Y un último apunte sobre el tiempo vivido, pero no el menos importante, sobre las aportaciones de uno de los grandes, Viktor Frankl. Frankl ha sido llamado el «psiquiatra del sentido» por dedicar gran parte de su obra a la importancia de los valores vividos, la actitud y el sentido de la vida.

Es imposible desligar la obra de su vida. Nacido en la Viena de inicios del siglo xx en una familia acomodada, desde pequeño se sintió fascinado por cómo funcionaba la mente humana. Estudió Medicina y después se especializó en Neurología y Psiquiatría, pero tenía una fuerte formación filosófica. Su primer trabajo fue en un pabellón psiquiátrico donde se atendía a mujeres que habían intentado suicidarse, y allí inició sus estudios sobre el sentido de la vida.

En ese momento (1938), bajo el mando de Hitler, Alemania invadió e incorporó Austria a su territorio. Frankl acababa de convertirse en jefe del Departamento de Neurología del Hospital Rothschild, uno de los únicos que seguían atendiendo a judíos, y junto a su compañero, el doctor Pötzl, falsificaron numerosos diagnósticos de enfermos psiquiátricos que con las nuevas leyes del Tercer Reich eran candidatos a la llamada «eutanasia involuntaria». En esos años, al amparo de la ley de Núremberg, Hitler firmó un decreto en que determinaba que «a pacientes incurables, después de una valoración crítica del estado de su enfermedad, les fuera permitida una muerte eutanásica». Este decreto consintió el inicio del exterminio en masa de pacientes con «deficiencias», discapacidad o patologías psiquiátricas. Numerosos médicos cambiaron diagnósticos, pues sabían que eran sentencias de muerte. Uno de ellos fue Viktor Frankl.

La amenaza sobre los judíos era cada vez más clara, y Frankl obtuvo un visado para emigrar a Estados Unidos con su esposa, pero ante la idea de abandonar a sus padres y pacientes, se quedó en Viena, donde en 1942 fue detenido con toda su familia y posteriormente enviados a campos de concentración. De ellos, sólo Frankl sobrevivió.

La historia de su vivencia en los diferentes campos de concentración —entre 1942 y 1945— la narra en su conocida obra *El hombre en busca de sentido*. Inicialmente, dictó el libro a las enfermeras que lo atendían cuando fue liberado el campo de exterminio y apareció con el título *Un psicólogo en un campo de concentración, el prisionero 119 104*.

De la experiencia vivida desde el horror, Frankl acabó de desarrollar toda una escuela de psicología, la logoterapia, en la que es fundamental la búsqueda del sentido de la vida y de los valores para llevarla a cabo. Tal como comenta: «La Historia nos brindó la oportunidad de conocer al hombre quizá mejor que ninguna otra generación. ¿Quién es, en realidad, el hombre? Es el ser que siempre decide lo que es. Es el ser que inventó las cámaras de gas, pero también es el ser que entró en ellas con paso firme y musitando una oración».[24]

Frankl hizo suya la frase de Nietzsche, «quien tiene un para qué vivir, puede soportar casi cualquier cómo»[25], es decir, si hay un propósito o un motivo para vivir, puede superarse casi cualquier situación. Lo vivió en circunstancias extremas, viendo que cuando un prisionero del campo de exterminio perdía su motivo de vivir, por pobre que fuera, fallecía a los pocos días. Eran circunstancias muy extremas, pero sólo sobrevivieron los que tenían un «para qué» vivir.

Decía Frankl, «el hombre en busca de sentido no es un título ingenioso para un libro. Es una definición del ser humano. El ser humano es un buscador de sentido».[26] Según este psiquiatra, el sentido de la vida puede encontrarse a través de los valores vividos, y los divide en tres grupos: creativos, experienciales y actitudinales.

24. Frankl, V., *El hombre en busca de sentido*, Herder, Barcelona, 1991.

25. Nietzsche, F., *El crepúsculo de los ídolos*, Alianza, Barcelona, 2004.

26. Frankl, V., *op. cit.*

- Los valores creativos son aquellos en los que hay que llevar a cabo algún acto, desde un trabajo, una afición, un deporte, un voluntariado o educar a un hijo. Estos valores suponen compromiso y esfuerzo.
- Los valores experienciales están relacionados con experimentar y saber disfrutar de algo o de alguien. Se caracterizan por su gratuidad. Entre ellos, el valor por excelencia es el amor. Según Frankl, una de las formas de darle sentido a la vida es a través del amor hacia los demás.
- Los valores actitudinales son los más complejos de llevar a la práctica. Los describe en el campo de concentración, en aquellas personas que, a pesar de la trágica situación vivida, eran capaces de mantener su actitud.

«Los que estuvimos en los campos de concentración recordamos a los hombres que iban de pabellón en pabellón consolando a los demás, dándoles el último trozo de pan que les quedaba. Puede que fueran pocos en número, pero ofrecían pruebas suficientes de que al hombre se le puede arrebatar todo salvo una cosa: la última de las libertades humanas, la elección de la actitud personal ante un conjunto de circunstancias para decidir su propio camino».[27]

Este grupo de valores incluye actitudes como la compasión hacia los demás y hacia uno mismo, la valentía o la esperanza. En palabras de Frankl, «son las decisiones, no las condiciones, las que determinan quiénes somos».

Y todo ello, ¿guarda relación con la muerte? En palabras de Frankl:

> Continuamente escuchamos la afirmación de que, a pesar de todo, la vida carece de sentido por el hecho de su caducidad, es

27. Ibídem.

decir, a la vista de la muerte. Pero si nuestra existencia fuera temporalmente ilimitada, con razón podríamos aplazar a discreción cualquier acción... Pues es justamente el hecho de que exista un límite último de la vida el que nos obliga a aprovechar el tiempo y a no dejar pasar una ocasión de acción sin utilizarla. Por consiguiente, es precisamente la muerte la que de este modo otorga sentido a la vida y a nuestra existencia como algo único.

La muerte, según este psiquiatra, sólo puede causar miedo a quien no sabe encontrar el sentido que le es dado para vivir. Por ello la pregunta sobre el morir es la pregunta sobre el vivir.

Espiritualidad sería el cómo encontramos o damos sentido a nuestra vida, cómo sabemos vivir con valores de acuerdo con ello, y cómo entendemos la apertura a lo trascendente.

Tiempo vivido: relaciones saludables con la familia, los amigos y la comunidad

Una nueva pista para añadir a las anteriores: es fundamental encontrar y dar sentido a nuestra vida, pero será importante hacerlo «con otros», con personas con las que estemos vinculados y mantengamos relaciones sanas y saludables.

Tener una red familiar y de comunidad potente es uno de los factores más determinantes para mantener una vida feliz, plena y saludable. Y ello está científicamente demostrado.

En la Universidad de Harvard (Boston) comenzaron en 1938 un ambicioso proyecto de investigación que sigue en marcha, el «Harvard Study of Adult Development».

En él se realiza el seguimiento de más de 700 hombres, a los que se han añadido sus parejas e hijos. El estudio empezó con 268 estudiantes de la universidad, pero al mismo tiempo había empezado otro en uno de los barrios más pobres de Boston, con 456 jóvenes, por lo que ambos grupos acabaron fusionándose en un mismo estudio.

Centenares de entrevistas, miles de pruebas y análisis configuran una constelación de datos que se han ido recopilando en estos años, lo que ha aportado un montón de conocimiento relacionado tanto con la salud física como con la mental. Algunos datos son bastante claros, por ejemplo que no fumar es el factor con mayor peso para envejecer mejor o que el consumo de alcohol precede a las depresiones.

El estudio ha tenido cuatro directores, y en cierta manera ha ido cambiando (o ampliando) sus objetivos a lo largo de los años. La primera parte, dirigida por Clark Heath, se centró en la biología y en los aspectos genéticos o físicos de los participantes. Poco a poco, el foco fue cambiando, y se dieron cuenta de que, aunque los genes eran importantes, los entornos lo eran tanto o más.

Uno de los siguientes directores, George Vaillant, comentaba que en la década de 1930 —época de la Gran Depresión— la gente valoraba muy pocos aspectos como las relaciones, los vínculos, la empatía o el cuidado. Sin embargo, el estudio demuestra que los llamados «aspectos blandos» —como tener relaciones saludables o comunidades cuidadoras— son claves para el envejecimiento saludable y feliz.

Este sería el factor clave, más que el dinero o la fama, para tener una vida feliz, familia, amigos y comunidades. Este hallazgo se vio tanto en el grupo de los que fueron estudiantes de Harvard como en los jóvenes de barrios pobres. La soledad o las malas relaciones pueden provocar tanto malestar e impacto en la salud como el tabaco o el alcohol.

Vaillant describió los factores primordiales que había definido para un envejecimiento saludable y feliz: mantener la práctica de la actividad física, no abusar del alcohol y del tabaco, tener mecanismos maduros para enfrentarse a los altibajos de la vida y disfrutar de un peso y un matrimonio estables.

Robert Waldinger, el último director del estudio, completó los datos e incluyó a sus parejas e hijos. Confirma, de nuevo, el factor de mayor peso en el desarrollo de una vida plena y feliz: mantener relaciones con la familia, los amigos y la comunidad.

Ir por la vida con la tarea hecha

Para aquellos a los que este reto que nos plantea la muerte —recordarnos la necesidad de tener o dar un sentido a la vida y un marco de espiritualidad— les parezca demasiado grande, y que promover una red de relaciones sea algo demasiado amplio, quizá la muerte nos enseñe lo mínimo para ir por la vida con la «tarea hecha».

Ira Byock, médico de cuidados paliativos, en su libro *The Four Things That Matter The Most (Decir lo que importa)* intenta identificar las palabras que ayudan a las personas a «cerrar» su trayectoria vital en paz:

> Por favor, perdóname.
> Te perdono.
> Gracias.
> Te quiero.[28]

28. Byock, I., *op. cit.*

Simples, sencillas y certeras, contienen y sostienen un mundo.

Byock recuerda el poder curativo de las palabras, sobre todo las dichas en los momentos necesarios y de la forma adecuada. Incide en el valor de «completar» procesos, de cerrarlos de forma que las personas puedan reconciliarse entre ellas y con su trayectoria vital.

- Pedir perdón y perdonar. Todas las grandes tradiciones religiosas hablan del perdón, e incluso diferentes escuelas psicológicas hacen referencia a ello. Perdonar no implica olvidar, renunciar a los derechos propios ni intentar «volver a estar como antes» en una relación, pues nunca volverá a ese punto. Perdonar no puede ser una obligación cultural, social, moral ni religiosa... Está relacionado con cerrar una herida vital, y como toda herida que cicatriza proporciona alivio y paz.
- Dar gracias. Byock recuerda esta frase de la madre Teresa de Calcuta: «Hay más hambre de amor y aprecio en este mundo que de pan». Hay que dar las gracias a todas aquellas personas que nos han sostenido, cuidado, acompañado y querido, a pesar de nuestros errores y fallos, a lo largo de nuestra vida.
- Y saber decir «te quiero» a quien toque, en voz bajita o a gritos, pero decírselo no sólo una vez, sino las que sean necesarias, pues las cosas importantes de la vida se repiten «como el eco en las montañas del crepúsculo».[29]

Y como no sabemos cuál será nuestro día, debemos ir por la vida con la la tarea hecha, sin arrastrar pendientes.

29. Gibran K., *Obras*, Losada, Buenos Aires, 2016.

Tenemos que aprender a vivir el tiempo vivido y de calidad, encontrar el propio sentido, en nuestro día a día, hoy, como uno de los grandes retos que nos deja la conciencia de finitud.

4

Hablar de la muerte para morir mejor: conversaciones difíciles

> Intenta amar las preguntas mismas, como cuartos cerrados y libros escritos en un idioma muy extraño. No busques ahora las respuestas, que no se te pueden dar porque no podrías vivirlas. Y se trata de vivirlo todo. Vive ahora las preguntas.
>
> RAINER MARIA RILKE,
> *Cartas a un joven poeta* (Carta 4)

> *Conversations in the Dark*, JOHN LEGEND

De una vida corta y una muerte rápida a una vida larga y una muerte lenta

Hemos dedicado un capítulo a reflexionar acerca de cómo la conciencia de finitud puede ayudar a vivir mejor. Ahora vamos a rebobinar y volver a centrarnos en la muerte, y en cómo ser capaces de hablar de la muerte nos puede ayudar a morir mejor.

En relación con ello tenemos en cierto modo la percepción de que en nuestra sociedad no morimos bastante bien, o que podríamos morir mejor. Es complejo de afirmar, pues tanto la buena como la mala muerte son conceptos que dependen, y mucho, de la percepción personal y social. Seguramente sería más fácil ponernos de acuerdo en qué es una mala muerte que en lo que es una buena muerte.

En primer lugar, una buena muerte requiere una sociedad capaz de incluirla y mirarla a la cara. Comentábamos que las actitudes, creencias frente a la muerte o incluso el marco conceptual se mueve siempre a la sombra del espacio que le otorga una sociedad. Y nuestra sociedad le otorga muy poco espacio cuando más necesitaríamos hablar de ello.

¿Por qué precisamos hablar más de la muerte? La mejora de las condiciones de vida y la medicina moderna han producido un aumento de la esperanza de vida, por lo que, en general, en el mundo occidental vamos a vivir vidas más largas, pero también más enfermedades crónicas y procesos de enfermar y de morir más largos. Ramón Bayés, psicólogo pionero en la psicología del sufrimiento y la muerte, lo resumía con esta sentencia: «Pasamos de una vida corta y muerte rápida a una vida larga con muerte lenta».[30]

Esos tiempos de la muerte doméstica eran también momentos de muerte rápida, y difícilmente se sobrevivía a la gran mayoría de las enfermedades agudas. Estábamos aún en la época preantibiótica, en la que procesos que hoy son banales podían producir la muerte a una persona joven en días o semanas.

Es curioso que quede el miedo asociado a algunas enfermedades, como la escarlatina. Es una enfermedad que aún aparece hoy en los niños, provocada por una bacteria, la misma que hace que se inflamen las anginas. Hoy no es una

30. Bayés, R., *Afrontando la vida, esperando la muerte*, Alianza, Madrid, 2006.

enfermedad banal, pero tampoco grave, y se trata con facilidad con los antibióticos adecuados. Por eso, como pediatra, me costaba entender el pánico que provocaba el diagnóstico de esta enfermedad.

Pero alguien me lo explicó. En la obra *Mujercitas*, una de las hermanas, Beth, la más dulce y tierna, muere como consecuencia de esta enfermedad, igual que otras personas de su entorno. Por eso el destino de la palabra *escarlatina* queda ligado al de la fatalidad.

Tampoco existía antes el concepto de *enfermedad crónica*, pues tampoco se sobrevivía a dolencias tan comunes como la diabetes tipo I. La primera insulina está a punto de cumplir cien años, y fue obtenida de purificaciones cada vez más refinadas de páncreas de animales. La insulina sintética no llegó hasta el último tercio de siglo XX.

Gran parte de las enfermedades agudas, sobre todo de las infecciosas, hoy se curan y, a partir de cierta edad, todos vamos a convivir con uno o varios trastornos crónicos. El costo de prolongar la vida, el precio que pagamos por ello, es tener una vida con más enfermedades, más prolongadas y con un aumento de los procesos degenerativos.

Cuando no había casi opciones, las preferencias de las personas, sus valores y elecciones tenían pocas oportunidades. En la actualidad, el incremento de opciones tanto en diagnósticos como en tratamientos se traduce en que debamos hablar mucho más de ello.

Por una parte, porque será importante tomar decisiones difíciles durante un periodo mucho más largo de tiempo, y van a depender, y mucho, de lo que cada persona valore más. Comentaba Johnson: «A pesar del entusiasmo por ese gráfico de esperanza de vida, si se encuesta a la gente sobre sus esperanzas para sus propias vidas, la respuesta es que la mayoría no quiere vivir más de lo que permiten los límites naturales actuales. Lo que quieren, en el tiempo disponible, es vivir mejor».[31] Vamos a necesitar hablar más de la muerte, porque tendremos que tomar más decisiones y planificarlas mejor.

Hemos comentado que no hablar de la muerte puede aumentar el sufrimiento, y ello sucede por razones diferentes y a muy diversos niveles, no sólo por la necesidad de planificación en las decisiones sino también por la posibilidad de compartir el final de la vida.

Por otra parte, tendremos que hablar más de la muerte porque, si no nos encuentra bien hablados, cuando llegue el momento nos costará muchísimo más. Muchas veces se encierra en burbujas de silencio a los enfermos que llegan al final de la vida, y ello provoca mayor soledad o aislamiento, por incertidumbre y desconocimiento.

La soledad en el morir: la conspiración del silencio

Volvamos a Tolstói y a *La muerte de Iván Ilich*, una de las mejores descripciones de qué es una conspiración del silencio, una mentira: «Y le atormentaba esa mentira, le atormentaba que no quisieran admitir que todos ellos sabían que era mentira y que él lo sabía también, y que le mintieran acerca de su horrible estado y se aprestaran, más aún, le obligaran a participar en esa mentira».[32] Una mentira, sí, pero dura, amplia y frecuente. Todos conocen el diagnóstico y la cercanía de la muerte, incluso el enfermo, pero nadie habla de ello. Es como si no existiera.

Quizá uno de los peores escenarios que provoca esa muerte escondida o tabú es negar a la persona la información de que está en proceso de muerte. Recuerden esas épocas

31. Johnson, S., *op. cit.*
32. Tolstói, L., *op. cit.*

de muerte doméstica en que se temía tanto a la muerte como al morir sin saber o sin estar preparado. Pasamos a considerar un horror hablar al enfermo de su enfermedad y, «por compasión», esconder la información.

Estos pactos de silencio son muy típicos de la cultura mediterránea o latina, en la que la familia acostumbra a gestionar toda la información y selecciona qué información debe recibir el paciente; seguramente son los conflictos éticos más frecuentes en la enfermedad grave y el final de la vida. Pero tampoco sería muy recomendable, al menos en nuestra cultura, la posición más anglosajona, en que la verdad se arroja de golpe y sin amortiguar a las personas.

Llamamos *conspiración* o *pacto de silencio* a la barrera que se establece en torno a un paciente para que no sepa la verdad. Se construye entre la familia, los amigos, el entorno y los profesionales para ocultar su diagnóstico —qué enfermedad tiene la persona—, la gravedad —si es una enfermedad de riesgo vital— o su pronóstico —cuánto tiempo se estima que le queda de vida—. A veces, el pacto es explícito, se ha hablado en la familia, se ha comentado con los profesionales y es reconocido por todos, pero a veces es un acuerdo informal y explícito. Sin darse cuenta, no se habla de ello, y si el enfermo lo saca a colación, se cambia de tema.

Hay muchas palabras para justificar el pacto: la persona se derrumbará, se deprimirá, dejará de luchar —lo de la lucha y el lenguaje bélico daría para un capítulo entero—, se suicidará, o el contundente «Nosotros, que lo conocemos mejor que nadie, sabemos que no lo aguantará»... O bien, la otra cara de la moneda: no quiere saber, rechaza la información, se le ha informado, pero está en fase de negación.

No podemos olvidar que son palabras que se pronuncian en momentos de gran sufrimiento para las familias y nacen por amor, para proteger a la persona amada, para no aumentar su angustia o preocupación.

Tras esas palabras se esconden muchos fantasmas, desde el miedo a la muerte hasta el temor a hablar de ella. En nuestra sociedad, en nuestro tiempo, hemos heredado ese tabú, y ello supone enormes dificultades aprendidas para hablar de la muerte. Bajo ese pacto subyace una creencia muy arraigada: para evitar la muerte, basta con no hablar o no pensar en ella.

Pero muchas veces el paciente «ya lo sabe», como Ilich, y como nadie habla de ello, en cierta manera se ve obligado a callar. La persona enferma recibe información de lo que le pasa de múltiples maneras, no sólo directamente de la información de los médicos. El paciente recibe información de los comentarios de las enfermeras y del resto del personal de salud, de las reacciones de la familia y amigos, de las pruebas y tratamientos que le realizan, de cómo responde su cuerpo y cómo se encuentra, de lo que le dicen otros pacientes, incluso de la sala de hospitalización donde está ingresado, o por supuesto, de internet, donde incluso personas mayores han aprendido a consultar a doctor Google.

Y ese no poder hablar tiene consecuencias directas, de múltiples maneras, para morir mal.

Por una parte, en el paciente, pues si hay algo peor que el dolor y el sufrimiento en el momento final de la vida es vivir ese dolor y sufrimiento en soledad no deseada. Ello puede aumentar su aislamiento o soledad, la angustia (sin compartirla), la sensación de sentirse abandonado o la desconfianza hacia la información que recibe de la familia o de los profesionales —si le han mentido en esto, cómo saber cuándo le están diciendo la verdad...—. La persona pierde la oportunidad de dejar arreglados los asuntos importantes, desde los económicos a los emocionales o espirituales. Le estamos negando el cierre de su vida.

Las decisiones que se tomen en ese momento tampoco serán necesariamente las que el paciente querría, pues no vamos a conocer sus valores, deseos u opiniones. Y ello puede provocar una carga en familias y profesionales.

Es curioso cómo esta tradición se ha mantenido a pesar de los principios de bioética. Las normas de deontología profesional y las modificaciones legales repiten que la información pertenece al enfermo, no a la familia, y tiene derecho a conocer la verdad, así como existe el derecho a no saber quien no quiera conocerla.

La verdad soportable

En este camino, será fundamental encontrar a un profesional de la salud que sepa acompañarlo con sintonía y sincronía: con la sintonía necesaria para entender qué necesita la persona y su entorno, y con la sincronía suficiente para ir a su paso, a la velocidad que requiera.

Esto no debería ser una rareza o un lujo, sino que en el núcleo de la formación de los profesionales de la salud debería ser fundamental asegurarnos de que disponen de empáticas y éticas habilidades de comunicación. No es algo accesorio y apreciado de forma individual, sino que debería ser un componente fundamental, trabajado y exigible a todo profesional.

Pero venimos de una potente tradición en la que hemos justificado el no decir la verdad, incluso mentir, por el bien del paciente, por supuesto. El gran Gregorio Marañón, médico humanista y profundo en muchos aspectos, comentaba:

> Si la vida, en general, inclina a la mentira, ¡qué no será cuando un sentimiento piadoso nos empuja además a ella, como en el caso del médico!... El médico, pues —digámoslo heroicamente—, debe mentir. Y no sólo por caridad, sino al servicio de la salud. ¡Cuántas veces una inexactitud, deliberadamente indu-

cida en la mente del enfermo, le beneficia más que todos los medicamentos del tratado farmacológico![33]

En el fondo, muchos profesionales y familias siguen creyendo que se debe mentir «heroicamente» o no decir toda la verdad. Esas conversaciones son complicadas. Por ello, requieren de profesionales de la salud muy preparados.

Igual que hoy consideramos que un médico o enfermera que no disponga de unos mínimos conocimientos técnicos no puede trabajar, espero que llegue un día —y ojalá lo vea— en que, entre las características fundamentales exigibles a todo profesional, se encuentren el trato humano y compasivo. Y ello incluye el manejo impecable del acompañamiento y la comunicación.

Las palabras pueden tener un efecto dañino o un efecto terapéutico. La manera de dar la información, cómo se teje una red de confianza en el proceso del final de la vida, no es un arte, sino una habilidad que se puede enseñar y, por tanto, aprender.

Como comentaba el doctor Michael Simpson, médico de cuidados paliativos, «la verdad es como un medicamento. Una dosis baja no hace efecto y puede hacer disminuir la confianza en el médico. La prescripción precipitada de dosis excesivas puede provocar reacciones de irritación e inflamación, resistencia e incluso (en ocasiones) *shock*. Además, hay individuos que presentan gran resistencia a su administración».[34]

No dar información puede dañar la confianza, pero ofrecer demasiada y muy deprisa también puede provocar daño. El punto clave es tener «aquellas conversaciones adecuadas con las personas adecuadas en el momento adecuado que pueden permitir que los pacientes y sus seres queridos apro-

33. Marañón, M., *Vocación y ética y otros ensayos*, Espasa-Calpe, Madrid, 1947.

34. Simpson, M. A., «Therapeutic Uses of Truth», *The dying patient*, Springer, Dordrecht, 1982, pp. 255-262.

vechen al máximo el tiempo que queda y se preparen para lo que se avecina».[35]

Son conversaciones difíciles, mucho, pues los pacientes y sus familias van a escuchar lo que no quieren oír, y los médicos, con muy honrosas excepciones, estamos poco preparados. Hay muchas excusas para saltarse estas conversaciones, poco tiempo, por supuesto, pero los momentos especiales requieren una dedicación especial.

El lenguaje también importa, por lo que es importante ser conscientes de las palabras que utilizamos, pues estas nos definen y nos proporcionan un marco. Demasiado a menudo seguimos utilizando metáforas bélicas para referirnos a ciertas enfermedades, como el cáncer. Hablamos de «lucha contra la enfermedad», «invasión de las células», «arsenal terapéutico», «defensas del organismo»...

Esta metáfora se inició en 1971, cuando el presidente norteamericano Richard Nixon lanzó una campaña de «guerra contra el cáncer», con soporte económico, político y social para promover la investigación, con el objeto de «conquistar esta terrible enfermedad». En cierta manera, la campaña de comunicación mostraba una forma concreta de ver la enfermedad.

Pocos años después, en 1975, la escritora Susan Sontag fue diagnosticada de un cáncer de mama avanzado. Durante sus ingresos y tratamientos se dio cuenta de que este lenguaje lo había impregnado todo. Así lo describió en su libro *La enfermedad y sus metáforas*.[36] Según esta escritora, la forma de referirse a la enfermedad contribuye a estigmatizarla, esconderla, y de alguna forma obliga a responder ante ella.

Por tanto, a menudo, esta metáfora de la lucha condiciona la respuesta esperada de los pacientes, pues ante una batalla

35. Ibídem.

36. Sontag, S., *La enfermedad y sus metáforas*, Debolsillo, Barcelona, 2012.

debe «lucharse hasta el final», y se les insta a «no rendirse». Esta forma de hablar va más allá del tratamiento o de la manera de concebir la enfermedad, y acostumbra a asociarse a un estilo de afrontamiento determinado en el que a menudo se fomenta el «pensar en positivo», «ser fuerte», «no deprimirse o no hundirse». Otra de las metáforas utilizadas, más dañinas, consiste en relacionar la aparición de una enfermedad con «conflictos emocionales o traumas no resueltos».

En este momento no hay estudios concluyentes que muestren que un estilo de afrontamiento determinado, como el de lucha, mejore un pronóstico, y aunque el peso emocional es importante en nuestra vida, relacionarlo con la aparición de una patología es dañino y cruel.

Estas metáforas bélicas o emocionales cargan parte de la culpa o de la resolución sobre la persona, como si pudiera controlar la enfermedad. Si un cáncer avanza, no depende de que la persona no haya luchado lo suficiente, que esté fracasando en la batalla o que no haya resuelto sus conflictos emocionales. La persona con una enfermedad que avanza y genera metástasis, además de la dolencia, puede tener que cargar con la sensación de que ha perdido y con el peso de la derrota. Este lenguaje responsabiliza a las personas de un resultado que, en general, no depende de ellos.

Es imprescindible que cada uno exprese sus miedos, frustración, rabia o tristeza sin que le insten desde fuera a manifestarlos de un modo particular. Cada uno tiene derecho a responder como quiera ante una enfermedad, sin que su entorno le obligue a reaccionar de una determinada manera.

Pero para ello debe conocer la verdad, y aquí nace el concepto de «verdad soportable», aquella información que pueda soportar al ritmo que necesite para asimilarla y sin abandonarlo en su angustia. Requiere escuchar al paciente, no sólo lo que dice, sino lo que no está diciendo pero que está allí, de modo que pueda escuchar los silencios y los gestos.

En un diagnóstico hay muchos aspectos que se deben abordar, y sólo si se da tiempo y espacio a la persona podrán ir desgranándose las preguntas encadenadas, como en un caleidoscopio. La información no debería ser nunca un momento, sino un proceso.

Hay quienes no querrán saberlo desde el inicio o preferirán tener muy pocos datos. El derecho a no saber debe respetarse. Sin embargo, esta información les permitirá que muchas personas y familias reorganicen sus vidas o planificarse. Normalmente no se trata de cómo se va a morir, sino de cómo se va a vivir mientras llega la muerte.

El ejemplo de Paul Kalanithi nos puede ayudar. Es una de esas personas que han tenido que navegar de la orilla de médico a la de enfermo. Era un neurocirujano al que, con sólo treinta y seis años, mientras se estaba formando, le diagnosticaron un cáncer de pulmón en estadio avanzado. La experiencia de su vida, su diagnóstico y cómo se enfrentó a su enfermedad lo narró en la obra *When the breath becomes air* [Cuando el aliento se convierte en aire], traducido al español como *El buen doctor*. El libro acaba con un epílogo escrito por su esposa, pues fue publicado tras su fallecimiento. Explica:

> Empecé a darme cuenta de que enfrentarme cara a cara con mi propia mortalidad, en cierto sentido, al mismo tiempo no había cambiado nada y lo había cambiado todo. Antes de que me diagnosticaran el cáncer, sabía que algún día moriría, pero no sabía cuándo. Después del diagnóstico, supe que algún día moriría, pero no sabía cuándo. Pero ahora lo sabía muy bien. El problema no era realmente científico. El hecho de la muerte es inquietante. Sin embargo, no hay otra forma de vivir.[37]

37. Kalanithi, P., *When Breath Becomes Air*, Random House Books, Nueva York, 2016. [Versión española de Santiago del Rey Farrés, *Recuerda que vas a morir. Vive*, Seix Barral, Barcelona, 2016].

Lidiar con un diagnóstico de enfermedad con mal pronóstico supone una enorme incertidumbre, y planificar qué queda de vida dependerá de las conversaciones adecuadas con las personas correctas. Planificar implica determinar, por ejemplo, cómo vas a emplear el tiempo que te queda: «Dame tres meses para pasar tiempo con la familia. Dame un año, tendré un plan (escribir este libro). Dame diez años, me gustaría conseguir de nuevo tratar enfermedades».[38]

Kalanithi decidió volver a trabajar, escribir un libro y, de acuerdo con su esposa, tener un hijo. Conocer la realidad le permitió planificar y, de esta manera, dar sentido al tiempo que le quedaba por vivir. Como él comentaba: «Habría que aprender a vivir de una forma distinta: viendo la muerte como una visita itinerante de imponente presencia, pero sabiendo que incluso si me estoy muriendo, hasta que efectivamente me muera, sigo viviendo».[39]

Tratar con una enfermedad grave implica replantearte qué es lo que más valoras, cuáles son las preferencias, y ello va cambiando a lo largo de todo el proceso, porque «la muerte puede ser un acontecimiento único, pero una enfermedad terminal es un proceso».[40]

Si no se abren las conversaciones, no podremos abordarlas ni planificar dicho proceso. *Comunicación* y *acompañamiento* son las palabras clave para acercarse a la verdad, pero requiere personas preparadas.

38. Ibídem.
39. Ibídem.
40. Ibídem.

Conversaciones difíciles en familia

Si nunca hemos hablado de la muerte, ¿cómo vamos a hacerlo en el momento que lleva añadido un enorme impacto emocional?

El primer aprendizaje es que no hay que esperar a una enfermedad grave, a un proceso de final de la vida. Muchos de estos aspectos deben ser tratados desde antes con tranquilidad, sin todo el cúmulo de emociones que acompañan a un diagnóstico grave. Por supuesto, son conversaciones difíciles, y como tales tienen asociada una enorme carga emocional, pero haberlo hablado con la familia o con los amigos ayudará, y mucho, cuando llegue el momento. Es importante que ésta sea una conversación del día a día, y no dejarla para cuando tengan que tomarse decisiones muy difíciles o afrontar un diagnóstico temido.

Una de las primeras preguntas es: ¿prefieres conocer o no la verdad?

No hay una respuesta unánime a esta pregunta. Cada persona debe responderla, pero es importante que sea individual, que no sean otros, por cercanos y queridos que sean, quienes la den por nosotros.

Este es el punto de partida para empezar a hablar de la muerte, de la enfermedad y del final de la vida con nuestros familiares, amigos y personas cercanas. En la próxima comida familiar, o durante un café relajado, saquen el tema, por favor. Cuando alguien empiece a hablar sobre ello, no cambien de tema ni se refugien en el humor sarcástico. Respiren profundo y hablen, escuchen, conozcan, comenten, debatan...

Déjense sorprender por los que piensan de otra forma. Quizá alguien muy cercano prefiera no saberlo y lo manifieste, clara y explícitamente. Así lo podremos ayudar a sostener ese no saber cuando llegue el momento. O habrá quien prefiera guardarse la información para él o ella, lo cual es otro aspecto durísimo para las familias: las personas que piden que no se informe a las familias y quieren pasar solos por este duro camino.

En cuanto se conoce la verdad, la conversación sigue con otras cuestiones que deben plantearse: hasta dónde estaríamos dispuestos a ir con un tratamiento, con qué no podríamos vivir, qué es lo que más nos costaría aceptar...

Otro tema muy interesante es la dignidad en el morir. *Dignidad* es una palabra polisémica, y conlleva algo diferente para cada persona. La muerte digna tiene múltiples significados, y es importante explorarlos. ¿Qué considera indigno cada uno? ¿Qué sería para cada uno vivir con dignidad hasta el final? ¿Lo compartimos? A veces, las preocupaciones son muy concretas: quién cuidará de la mascota, cómo se seguirá algún proyecto, qué hacer con...

También debemos planificar nuestra despedida, sí, nuestro funeral: cómo nos gustaría que nos dijeran adiós, con qué música, dónde, incluso con qué palabras. Tengo mi *playlist* preparada (parte de ella encabeza cada capítulo de este libro).

Por supuesto, a lo largo de la vida cambiaremos de idea muchas veces, y cuando llegue el momento podemos pensar de otra forma. También nos podemos equivocar. En gran parte, de eso va la vida, de aprender a equivocarse. Pero si la conversación está empezada, si no es un tema tabú, será más fácil seguir.

Abrir caminos difíciles para hablar de la muerte: algunos pioneros

Hemos hablado de la muerte como tema tabú o de la muerte prohibida como signos para definirla en la sociedad. Sin embargo, en las últimas décadas del siglo xx ha habido una inflexión en esta concepción. Como muchos movimientos, tras las transformaciones hay nombres y personas que no han aparecido de la nada.

Si tienes este libro en las manos, si muchos médicos pueden hablar de la muerte o si vas a sacar el tema en tu próxima comida familiar, es porque ha habido personas capaces de transformar estas situaciones.

Uno de los primeros en provocar la inflexión del tema tabú de la muerte fue el psicólogo Herman Feifel. En 1959 escribió el libro *The Meaning of Death*,[41] un conjunto de ensayos de distintos autores de ámbitos diversos, como antropología, psiquiatría, arte, literatura, religión, filosofía, psicobiología o teología, reflexionando sobre la muerte y el morir.

Feifel se vio muy influido por su historia vital. ¿Cómo no? Por una parte, por la Segunda Guerra Mundial, en la que participó en las Fuerzas Aéreas, y donde, por su experiencia como psicólogo, estudió aspectos como la fatiga del combate o cuál era la mejor selección de tripulaciones de bombarderos para misiones de combate.

Después de esa experiencia, se preguntó por qué no se había escrito acerca de la muerte y por qué había recibido tan poca atención académica, si habían fallecido más de cincuenta millones de personas durante la guerra... Porque era un tema tabú. Después del conflicto bélico siguió una etapa muy marcada por la era nuclear y la Guerra Fría, etapa en la que siguieron apareciendo conceptos como «armas de destrucción masiva» o «extinción», sin reflexionar sobre la muerte o el morir.

Seguramente, el hecho que más le influyó personalmente fue el fallecimiento de su madre, que lo impulsó a investi-

41. Feifel, H. E., *The Meaning of Death*, McGraw-Hill, Madrid, 1959.

gar más a fondo y de manera profesional sobre la muerte. Como psicólogo, se centró en cómo las personas reaccionan ante la muerte, ya sea la propia o la de un ser querido. Intentó averiguar cómo aparecen el miedo o la ansiedad relacionados con la muerte, y evaluó las respuestas a los problemas de muerte en jóvenes y mayores, pacientes con enfermedades graves, cuidadores y médicos.

Todo ello le llevó a organizar en 1956 un simposio en la conferencia anual de la Asociación Americana de Psicología (APA, por sus siglas en inglés), «El concepto de muerte y su relación con el comportamiento». La jornada fue un éxito, pero no pudo publicar las actas en la revista oficial de la asociación. La respuesta que recibió fue: «No nos ocupamos de estas cosas (es decir, del morir y de la muerte)». Por eso decidió publicarlas como un libro, que ha acabado constituyendo una de las obras más influyentes sobre la muerte y el morir.

Feifel siguió sus estudios y formó varios grupos de trabajo internacionales para compartir, investigar y promover estos temas, en los que participaron numerosos médicos, profesores e investigadores.

Este autor ha tenido un peso enorme en la inflexión del tabú de la muerte, quizá centrado en el ámbito profesional y académico, a diferencia de otras personas, como la de la que hablaremos a continuación, con un enorme impacto en el público en general. Quizá no sea la primera, pero sí la más conocida: Elisabeth Kübler-Ross.

La podemos definir con muchos adjetivos, pero está claro que Kübler-Ross ha sido pionera en volver a poner el foco en la muerte, en el proceso de morir y en las personas que lo atraviesan.

Kübler-Ross nació en Suiza en 1926, y fue una superviviente desde que llegó al mundo: era la mayor de unas trillizas que sobrevivieron en una época y un momento en que esto era poco frecuente. Decía de su nacimiento:

> Nací como una niña «no deseada». No porque mis padres no quisieran tener hijos, por el contrario, deseaban una niña, pero una niña bien robusta de unos cinco kilos. No esperaban tener trillizos. Y cuando aparecí yo, pesaba alrededor de un kilogramo y era muy fea. No tenía nada de pelo y fui seguramente para ellos una gran decepción. Quince minutos después nació la segunda niña y veinte minutos después la tercera, que pesaba casi tres kilos. En ese momento nuestros padres se sintieron felices, aunque quizá hubieran preferido devolver a dos de nosotras. Yo creo que nada en la vida se debe al azar y así ocurrió con las circunstancias de mi nacimiento. Me proporcionaron el sentimiento de que incluso una «nada» de menos de un kilo debía probar con todas sus fuerzas que tenía derecho a vivir.[42]

Su vida quedó muy marcada por su trabajo como voluntaria con refugiados durante la Segunda Guerra Mundial, principalmente tras la visita al campo de concentración recién liberado en Majdanek, en Polonia, donde habían muerto más de trescientas mil personas. Ella explicaba que allí había conocido a una niña judía. Toda su familia había muerto en las cámaras de gas, pero ella se había salvado, pues no había suficiente espacio en la cámara. La niña le comentó que, en lugar de permanecer amargada, había elegido perdonar, olvidar y dedicar su vida a contar al mundo qué había vivido. Comentaba: «Si puedo cambiar la vida de una persona del odio y la venganza al amor y la compasión, entonces merecería sobrevivir».[43]

En Majdanek contempló los pabellones, llenos de dibujos de mariposas, que se convirtieron en su símbolo: la muerte como un renacer. De este campo de concentración,

42. Kübler-Ross, E., *La rueda de la vida*, Zeta Bolsillo, Madrid, 2006.

43. Ibídem.

Kübler-Ross decía: «En medio del sufrimiento encontré mi propósito».[44]

Ese propósito guardaba relación con ayudar a las personas al final de la vida. Por ello, estudió Medicina contra la voluntad de su padre, se casó con un compañero, el doctor Emanuel Ross y emigraron juntos a Estados Unidos.

En Nueva York, inició su residencia de psiquiatría, primero dedicada al cuidado de enfermos mentales graves y después en contacto con los terminales. Comentaba que, en sus primeras visitas a los hospitales, acostumbraba a preguntar por los enfermos que se encontraban al final de la vida, y a menudo le respondían que no había pacientes moribundos en el hospital, que allí todos iban a curarse, no a morir.

Con esa tenacidad que la había ayudado a sobrevivir, empezó a buscar a los enfermos que se encontraban al final de la vida y se dio cuenta de que eran los más apartados, escondidos y aislados, incluso no entraban en sus habitaciones durante el pase de visita. Empezó a hablar con ellos. Comentaba: «Mi objetivo era romper la capa de negación social y profesional que les prohibía expresar sus preocupaciones más íntimas acerca de la propia muerte».[45]

Aprendió a sentarse al lado de los enfermos más rechazados y de sus familias, a dedicar tiempo a ellos, a escucharlos. Con ello, comenzó a tomar conciencia de la necesidad de preparar a las personas y a sus familias para este final de la vida.

Para difundir esta idea, empezó con unos pequeños seminarios, al principio destinados a estudiantes de Teología, en los que participaban enfermos terminales que iban hablando con los asistentes sobre cómo vivían su situación y que les contaban qué les ayudaba o qué no. Los seminarios se fueros extendiendo con más participantes y en más centros.

44. Ibídem.
45. Ibídem.

De sus entrevistas e investigaciones, en 1969 Kübler-Ross escribió su libro *Sobre la muerte y los moribundos*,[46] un auténtico *best seller*. En él explica sus experiencias con más de quinientos enfermos que se encontraban al final de la vida, y describe las famosas cinco etapas que experimentan la mayoría de los pacientes con enfermedades terminales: negación, enojo, negociación, depresión y aceptación. Aunque es una aproximación al final de la vida que ya casi no se utiliza, en su momento sirvió como punto de inflexión en relación con el tabú de la muerte.

Kübler-Ross podría definirse como una doctora pionera que aprendió a conversar con los moribundos y mostró a todo el mundo todo lo que podía aprender de ellos, o como una psiquiatra que mostró que el tabú de la muerte provoca un sufrimiento añadido.

También comentaba la necesidad de normalizar las conversaciones sobre el final de la vida: «Sería útil que más personas hablaran sobre la muerte y el morir como una parte intrínseca de la vida, así como no dudan en mencionar cuando alguien está esperando un nuevo bebé».[47]

Hablar requiere «permiso» para hacerlo, y lo que Kübler-Ross encontró era que se evitaban los temas sobre el final de la vida, lo que encerraba a los pacientes en una burbuja de aislamiento y soledad. Su propuesta fue escucharlos, sin abrigar ninguna duda de que animarlos a expresar sus sentimientos, pensamientos y preocupaciones les sería útil tanto a ellos como a sus familias.

Es verdad que su concepto de fases ha quedado —¿cómo lo diríamos?— un poco anticuado, incluso ingenuo, o que poco a poco el interés de Kübler-Ross fue derivando hacia más allá

46. Kübler-Ross, *Sobre la muerte y los moribundos*, Grijalbo, Barcelona, 1988.

47. Ibídem.

de la muerte desde una mirada, como mínimo, poco convencional. Pero ello no puede hacernos olvidar que fue la primera que, en los tiempos de la muerte escondida, buscó a personas que se encontraran al final de la vida y se sentó a su lado a hablar con ellas.

Fue una de las grandes transmisoras de conceptos clave al gran público, como que la muerte es un proceso humano y que pertenece al ciclo vital, que las personas que están al final de la vida aún siguen vivas y tienen necesidades y preferencias que, si no escuchamos o no dejamos que nos las cuenten, no podremos conocer. Y, por último, que la muerte nos enseña a vivir.

5

Morir en paz: un objetivo y una prioridad en medicina

> Curar alguna vez, aliviar a menudo, consolar siempre.
>
> CLAUDE BÉRNARD y ADOLPHE GUBLER

> *Clair de Lune*, CLAUDE DEBUSSY

La ilusa ilusión tecnológica

En la segunda mitad del siglo XX —en que los avances biomédicos y biotecnológicos asociados al uso de la metodología científica han permitido el abordaje de enfermedades de una forma casi inimaginable—, el aforismo de Claude Bérnard y Adolphe Gubler, médicos franceses, sigue siendo cierto, a pesar de ese enorme despliegue de conocimiento.

En el primer tercio del siglo pasado, un médico disponía de un número limitado de medios diagnósticos, la exploración física y poco más. No habían llegado los análisis complejos, las tomografías computarizadas, las ecografías o resonancias magnéticas. Sólo se disponía de las radiografías más simples.

Tampoco había demasiados tratamientos efectivos, antibióticos ni fármacos para el cáncer ni para las enfermedades mentales. La gran revolución médica es muy reciente.

Recordemos que uno de los primeros antibióticos fue la penicilina, que apareció en 1928. Fleming la descubrió por casualidad, cuando creció un moho que contaminó una de sus placas de cultivo, y vio que había destruido la bacteria que había en ella. Tardaron más de diez años en sintetizarla y concentrarla. La fantástica película *El tercer hombre* retrata muy bien esa Europa de la posguerra, en 1949, donde, en medio de la miseria, se mueve un oscuro mundo que trafica con penicilina, se roba de los hospitales y se adultera. Curiosa imagen... ¡un antibiótico objeto de tráfico ilegal!

Mucho cambió el mundo de la medicina en las siguientes décadas: progreso tras progreso, se han ido domando grandes enfermedades, y han aparecido tratamientos casi milagrosos, aparatos capaces de visualizar cualquier parte del cuerpo, de analizar nuestro genoma puede predecir enfermedades que ni siquiera podemos llegar a imaginar...

Hay quien comenta que, cuando se extinguieron las ilusiones ideológicas del siglo XX, se sustituyeron por la ilusión tecnológica, es decir, por la ilusión de que el desarrollo tecnológico podría resolver cualquier problema y dar solución a toda eventualidad, lo que provocó una especie de embriaguez o éxtasis con relación a todo lo tecnológico, menospreciando lo humano.[48] Sería como aquella lapidaria frase del doctor House, en su famosa serie: «¿Qué prefieres, un médico que te dé la mano mientras mueres o uno que no te mire a la cara mientras te cura?». Más allá de que es una falacia —puedes tener un médico que te dé la mano mientras mueres y mientras te cura—, contiene una idea muy adecuada de lo que significa la medici-

48. Aguirre, J., «La ilusión tecnológica», *El diario vasco*, 10 de enero de 2010. Disponible en: <https://www.diariovasco.com/20100110/opinion/articulos-opinion/ilusion-tecnologica-20100110.html>.

na actual para muchos: una técnica capaz de dar respuesta a los problemas humanos sin necesidad de contacto personal, siendo este algo accesorio, opcional o incluso molesto.

Pueden llegar a darse frases tan paradójicas como aquella que dijo uno que otro cirujano: «La operación quirúrgica ha sido un éxito, pero el paciente ha fallecido». Es la disociación entre enfermedad y persona.

Es curioso el peso que se da al desarrollo tecnocientífico en la mejora de la salud. Ya nos recordaba Steven Johnson que el mayor impacto en bienestar y esperanza de vida «no se ha debido a terapias de gran éxito ni a medicamentos costosos, sino a ideas poco atractivas y de baja tecnología, como la cloración del agua o mejores técnicas para tratar la deshidratación».[49]

De hecho, se considera que la salud de una persona casi no depende del sistema sanitario, sino de múltiples factores: el 10 por ciento está determinada por el entorno físico (vivienda, contaminación...); el 30 por ciento por el estilo o las condiciones de vida (tabaco, dieta, alcohol, ejercicio, hábitos sexuales...); el 40 por ciento por los factores socioeconómicos (educación, trabajo, ingresos, apoyo familiar o comunitario...), y el 20 por ciento por el sistema sanitario (accesibilidad y calidad de los servicios).

Es decir, la mayor parte de la salud de una sociedad estaría determinada por el entorno, el estilo de vida y factores socioeconómicos, mientras que sólo una parte ínfima de la investigación o del gasto en salud va destinada a estos aspectos. Bien conocida es la sentencia de James Marks, vicepresidente de la Robert Wood Foundation: «es más importante tu código postal que tu código genético».

En cualquier caso, durante el siglo pasado se ha producido un crecimiento casi exponencial en la expectativa de vida, y esto ha hecho cambiar tanto la percepción como la

49. Johnson, S., *op. cit.*

vivencia de la muerte. En este contexto, la muerte deja de ser un hecho connatural a la vida y se convierte en un problema que la medicina tiene que resolver. Los continuos avances pueden dar la sensación de que morir es casi opcional, o, frecuentemente, que es un fracaso de la ciencia. Un amigo mío acostumbra a comentar: «No sé por qué en medicina llaman *exitus* a las personas fallecidas, cuando siempre las consideran *fracassus*». *Exitus* hace referencia a cómo se considera una persona fallecida en un hospital. Es un término latino que significa «salida», y se emplea como simplificación de la expresión más correcta *exitus letalis*, es decir, «salida mortal» o, médicamente, «persona fallecida».

El juego de palabras *exitus*/éxito lo contrapone con fracaso. La muerte no puede considerarse un fracaso, pues todos vamos a morir.

La muerte como fracaso

Alguna vez he preguntado a estudiantes de Medicina cuál creían que era su objetivo. Una de las respuestas más frecuentes es «salvar vidas». Acostumbro a responderles que ese es un objetivo que no podrán cumplir siempre. A pesar de los grandes avances científicos, la mortalidad de la especie humana es del cien por ciento.

Todos moriremos.

Pero lo haremos de forma diferente a la de generaciones anteriores, requiriendo un largo periodo de conversaciones y decisiones difíciles.

Si el objetivo es salvar vidas, la muerte se convierte en un fracaso. Pero la muerte no puede serlo. Es, en todo caso, nuestro destino.

Por supuesto, hay muertes que son fracasos, como las muertes prematuras o las evitables. Pero en la muerte hay otro tipo de fracaso. Se da cuando se muere con un dolor evitable, con un sufrimiento que podría haberse abordado o sin estar preparado. Puede relacionarse con cuando la medicina no sabe cómo abordar la muerte, quizá porque ni siquiera reconocemos que haya un proceso de morir, porque no se acepta o porque no se sabe cómo manejarlo.

La ilusión tecnocientífica tiene un impacto claro en la muerte: aumenta la incertidumbre, el dolor y el sufrimiento, la ambivalencia al final de la vida. Genera una fe, a veces ciega, en las posibilidades actuales de la medicina, y demasiado a menudo se espera un «milagro tecnológico».

Cuesta más aceptar el final de la vida como un hecho natural, detener los tratamientos. El imaginario nos muestra que siempre se puede hacer más, y nos crea una imagen falsa de casos excepcionales.

Es muy arriesgado hacer más y más. Por ejemplo, algunos tratamientos producen muchos efectos secundarios y molestias, hay intervenciones o pruebas complementarias muy incómodas, los ingresos provocan fatiga continua o no se aborda bien el dolor por considerarlo secundario.

Es muy complejo iniciar o sostener conversaciones difíciles en una medicina tan deslumbrada por el éxito y la técnica. Seamus O'Mahony lo comenta en su libro: «Hay un insaciable apetito en medicina por las tomografías computarizadas, test, análisis... Es muy difícil decir "basta". A veces, los "buenos médicos" deben decir a los pacientes algo que no quieren oír. Es más fácil pedir otra resonancia magnética que tener "la conversación más difícil"».[50]

Y esta ambivalencia también provoca más sufrimiento.

Daniel Callahan, en uno de los mejores libros sobre el tema, *The Troubled Dream of Life. In Search of a Peaceful Death*, lo comentaba así:

50. O'Mahony, S., *op.cit.*

> A pesar de sus grandes triunfos, la medicina contemporánea no sabe qué hacer con la muerte. Ante el fin de la vida, hay un vacío de ideas preocupante en medicina. Probablemente no sorprenda en una sociedad más cómoda con la regulación legal que con el discurso filosófico o religioso, y más a gusto con el lenguaje moral centrado en la toma de decisiones que con la sabiduría de éstas. Hablar de la muerte, y cómo ha de encontrar un lugar en nuestra autoconcepción y en nuestra sociedad, es mucho más difícil...[51]

Los fines de la medicina para el siglo XXI

Sigamos con Daniel Callahan, uno de los pioneros en el mundo de la bioética que tuvo un enorme impacto en la medicina y lideró el proyecto para establecer los fines de la medicina para el siglo XXI.[52] El progreso médico-científico había llegado a un enorme desarrollo, pero presentaba grandes amenazas, como la tecnificación de la relación médico-paciente o su pérdida, la fragmentación de los procesos de enfermedad, la superespecialización...

En toda esta época de progreso, sobre el ámbito del final de la vida planeaba un enorme peligro, un nuevo «tipo de muerte»: acabar la vida en un hospital, conectados a multitud de tubos y aparatos, con múltiples molestias —ruidos, intromisiones, el ritmo de horarios establecidos—, alejados de las personas queridas y, a pesar del enorme arsenal terapéutico, lidiando con enormes dolores y sufrimientos.

Una película ilustra muy bien este tipo de muerte: *Wit*,

51. Callahan, D., *The Troubled Dream of Life. In Search of a Peaceful Death*, Georgetown University Press, Georgetown, 2000.

52. Callahan, D., «The Goals of Medicine-Setting New Priorities», *Hastings Center Report*, n.º 26 (6), 1996.

traducida como *Amar la vida*. Es la historia de enfermedad y muerte de Vivian Bearing, doctora en Filosofía especializada en literatura y poesía inglesa del siglo XVII (experta en John Donne, el autor de *Las campanas doblan por ti*), que es diagnosticada de un cáncer de ovario muy agresivo en estadio avanzado. Como buena profesora, la protagonista va desgranando aquello que vive, y acerca a una experiencia de enfermedad y muerte que representaría ese culmen de «mala muerte» o de mala atención hasta la muerte. Entre lo que sería una atención técnica impecable, Vivian vive momentos de gran deshumanización, como la escena de la exploración ginecológica con la puerta abierta (minuciosamente degradante) o el pase de visita médico con ella en el centro, pero olvidada del todo. Experimenta un enorme sufrimiento, y llega a comentar que es como «si vomitara mi cerebro». Sólo encuentra consuelo en el trato humano y cercano de una enfermera, Susie, que la acompaña en sus peores momentos, le da la información que Vivian necesita e inicia con ella aquellas conversaciones más difíciles. Es una de las películas que mejor representa el daño que puede ocasionar una forma concreta de entender la medicina.

Esa idea de muerte ha calado también en la sociedad. Hay miedo a morir, pero aún más a hacerlo de una manera determinada. Esta intuición, entre otras, hizo replantear a un grupo de bioeticistas los fines de la medicina, pues no sólo estaban cambiando los medios, sino que parecía que también se estuvieran modificando los objetivos:

> Los avances rápidos de la medicina del siglo XX han generado enormes problemas éticos, culturales y legales, y un número notable de ellos versan sobre lo que se cree correcto o incorrecto, bueno o malo, que la medicina haga para las personas en nombre de preservar o mejorar su salud. La medicina científica moderna parece haber elevado algunos objetivos de

> la medicina, y su intención de salvar y alargar la vida por encima de otros objetivos como el cuidar o paliar el dolor o sufrimiento.[53]

Una medicina demasiado centrada en curar a toda costa puede crear más confusión, ambivalencia y sufrimiento. Ante la necesidad de «repensar» la medicina, en 1996 se creó un grupo de trabajo para intentar dar respuesta a los enormes retos actuales, desde el envejecimiento creciente a la cronicidad de la enfermedad, en medio de cambios biotecnológicos acelerados, y todo ello con un aumento de las expectativas y de la demanda en salud.

Callahan reunió a catorce referentes mundiales de diferentes países, que a su vez crearon sus propios equipos de trabajo formados por profesionales de todos los campos y disciplinas, para abordar los fines de la medicina a raíz del progreso de la ciencia médica y la biotecnología, además del aumento de las necesidades humanas unido a la escasez de recursos para satisfacerlas.[54]

La medicina cuenta con características tanto globales como particulares. Hay elementos comunes en todas las culturas, pero otros son propios y únicos de cada una. A la hora de formular los fines de la medicina que se exponen a continuación, hacen constar que ninguno tiene preferencia sobre los demás, ya que depende de las circunstancias en las que se encuentren.[55]

- La prevención de enfermedades y lesiones, la promoción y el mantenimiento de la salud. La medicina va más allá de la atención a las personas enfermas, pues

53. Ibídem.
54. Ibídem.
55. Ibídem.

tiene el deber ineludible de intentar prevenir que se produzcan las enfermedades y de promover los comportamientos que ya sabemos que tienen un impacto en una vida saludable.

- El alivio del dolor y el sufrimiento causados por la enfermedad. El abordaje del dolor y el sufrimiento debería entenderse como un fin de la medicina, así como evitar a toda costa la posibilidad de provocar un dolor añadido.
- La curación de los enfermos dentro de sus posibilidades y el cuidado de todos. Debería curarse dentro de las posibilidades y olvidarse del lema «curar a toda costa». Gran parte de las enfermedades del siglo XXI serán crónicas, por lo que más allá del concepto de *curación* es importante incorporar la idea de «aprender a vivir con la enfermedad». Ello requiere que las personas se adapten a su identidad, incorporen el autocuidado y se impliquen en la toma de decisiones. Los profesionales deberán aprender a atender a sus pacientes de forma integral y a reconocer sus necesidades.
- La evitación de la muerte prematura y la búsqueda de una muerte en paz. Uno de los fines de la medicina es intentar evitar las enfermedades o accidentes que puedan prevenirse para reducir las muertes prematuras, igual que la aceptación de la muerte como un hecho natural. Esto supone preparación, formación y experiencia para que la gente pueda morir en paz, entendiendo que sólo podrá alcanzarse si se atiende a todas las dimensiones de la persona: biológica, psicológica, social y espiritual.

La medicina es y debe fundamentarse en la ciencia y en el método científico, por supuesto, pero sólo con la ciencia no dará respuesta a sus fines. Por ello es necesario desarrollar el cuidar de forma paralela al curar para dar una respuesta válida. Como comentaba el bioeticista Edmund Pellegrino: «La medicina es la más humana de las artes, la más artística de las ciencias y la más científica de las humanidades».[56]

Si los recursos, la investigación o la formación de los profesionales de la salud no está alineada con los objetivos, y prioriza la curación por encima de los demás, no podremos dar respuesta a las necesidades de las personas no sólo al final de la vida, sino tampoco al promocionar, prevenir o aliviar el dolor.

Me da la sensación de que, en medicina, estamos yendo muy deprisa. Estos cambios se han sucedido en muy poco tiempo, no hemos tenido capacidad para asimilarlos, y eso no nos ayuda a tomar perspectiva o a ver el camino. Creo que necesitamos espacios para «parar y pensar». Esta carencia la explica muy bien la historia sobre el monje y el viajero:

> Un viajero visitaba un día un monasterio y preguntó a un monje:
>
> —¿Qué aprendes en tu vida de silencio?
>
> El monje, que en aquel momento estaba sacando agua de un pozo, le respondió:
>
> —Mira al fondo del pozo y dime qué ves.
>
> El caminante miró y sólo vio agua revuelta.
>
> —Detente un instante en tu camino, hermano —le dijo el monje—, contempla silencioso y sereno el cielo y las montañas que rodean nuestro monasterio, y espera...
>
> Tanto el monje como el caminante se entretuvieron contemplando en silencio durante un tiempo, y al cabo de un rato,

56. Pellegrino, E. D., y Thomasma, D. C., *The Virtues in Medical Practice*, Oxford University Press, Nueva York, 1993.

el monje le instó a volver a mirar. El visitante, maravillado, exclamó:

—Ahora puedo ver el fondo del pozo. Las aguas se han calmado, están transparentes y puedo ver bien.[57]

En una medicina tan tecnificada, acelerada y compleja, son imprescindibles los espacios de silencio y reposo para ser capaces de repensar los objetivos. Considero que la bioética nos puede ofrecer momentos para «parar y pensar», como si fueran esos espacios de silencio para calmarnos y ver el fondo más claro.

Los cuerpos duelen, las personas sufren: de lo biológico a lo biopsicosocial (espiritual)

Uno de los objetivos primordiales es tener la capacidad de aliviar el dolor y el sufrimiento. El título de este apartado resume magistralmente la diferencia entre el dolor físico y la experiencia de sufrimiento, más global y amplia. La enfermedad grave, el final de la vida o el duelo no sólo producen dolor, sino también sufrimiento. Si la medicina se centra únicamente en reducir el dolor, no dará respuesta a las necesidades de las personas enfermas ni a las de sus familias.

Eric Cassell, en 1982 escribió un artículo en el *New England Journal of Medicine*, una de las revistas médicas más prestigiosas, que se ha convertido en uno de los más referenciados: «The Nature of Suffering and the Goals of Medicine» [La naturaleza del sufrimiento y los fines de la medicina].[58] En él denuncia la poca atención que se da en el

57. Historia popular.

58. Cassell, E., «The Nature of Suffering and the Goals of Medicine», *New England Journal of Medicine*, n.º 306, 1982, pp. 639-645.

ámbito médico al problema del sufrimiento, tanto en la investigación como en la práctica. Y no sólo se refiere a la falta de atención al sufrimiento durante el transcurso de la enfermedad, sino que muchas veces este es provocado por los propios tratamientos, como si fuera una moderna paradoja.

Para Cassell, el sufrimiento se produce cuando se percibe una amenaza sobre la persona o sobre su integridad, y hay un desequilibrio entre dicha amenaza y los recursos disponibles para hacerle frente.

Nos recuerda que la persona se construye a través de las múltiples facetas que la configuran, y a través de ellas afronta la enfermedad y el final de la vida. La persona, comenta Cassell, tiene un carácter y una personalidad determinada, un pasado con diversas experiencias vitales acumuladas, un entorno familiar y social, un bagaje sociocultural y un rol determinado. Vive y convive, se relaciona y se comporta de formas concretas, y en ese contexto se expresa y existe. La persona tiene un cuerpo que la sostiene, pero no es sólo su cuerpo, sino que también tiene una proyección de futuro y un marco trascendente, más o menos desarrollado.[59]

La persona no puede separarse de su enfermedad, pues la respuesta de ésta y su forma de afrontarla dependerán de su pasado y de sus experiencias previas, del significado que les da, de las expectativas, del grupo de soporte social o de las posibilidades del entorno.

Comenta Cassell: «Se ha actuado como si una persona enferma fuera sencillamente una persona normal con una enfermedad añadida: como si llevase una mochila a cuestas. Sin embargo, esta perspectiva no es realista ni cierta. Una enfermedad grave provoca cambios en la forma en que las

59. Ibídem.

personas se perciben a sí mismas y en cómo ven el mundo que les rodea».[60]

Ramón Bayés, explica que la angustia aparece no sólo cuando la persona experimenta o teme un daño físico o psicosocial, como una amenaza importante, sino cuando al mismo tiempo cree que carece de recursos para enfrentarse con éxito a ella.[61]

Sólo ampliando la visión de la persona de forma integral podrá darse una respuesta integral. Dolor y sufrimiento. Amenaza y recursos.

Cuidados paliativos

Si nos fijamos en varios autores —como Feifel o Kübler-Ross— que dirigieron la inflexión respecto al tema tabú de la muerte, encontraremos nombres significativos que han liderado y lideran el cambio en el tipo de atención a las personas al final de la vida, principalmente con el desarrollo de los cuidados paliativos.

La palabra *paliar* proviene del latín *pallium* [palio], que significa «manta», aquella capa que servía no sólo para vestir, sino para abrigar y proteger. Cuidados paliativos es la disciplina que agrupa la atención especializada a personas que viven con una enfermedad grave, a modo de manto o protección sobre ellas y sus familias. Esta disciplina se centra en proporcionar alivio de los síntomas para mejorar la calidad de vida tanto del paciente como de la familia.

Sí, lo describí bien. Los cuidados paliativos no son sólo para enfermedades que se dirigen al final de la vida. Este sería uno de los primeros mitos que debemos desterrar. Tie-

60. Cassell, E., *op. cit.*
61. Bayés, R., *op. cit.*

nen por objeto las enfermedades graves y ayudan a prevenir y tratar síntomas. Al mismo tiempo, pueden realizarse abordajes curativos desde que se diagnostica la enfermedad, durante el tratamiento, en el seguimiento y al final de la vida.

Tal como hemos comentado, los síntomas comprenden todas las dimensiones de la vida de la persona —física, emocional, social o espiritual—, por lo que los cuidados paliativos acostumbran a realizarse por equipos de profesionales de diferentes ámbitos y formaciones.

Detrás del desarrollo de esta disciplina hay nombres con mayúsculas y subrayados, por ejemplo, otra gran mujer: Cicely Saunders.

Saunders tuvo una trayectoria muy interesante y peculiar. Nacida en Inglaterra en el seno de una familia acomodada, a su padre no le gustaba que estudiara Enfermería, así que empezó Filosofía en la Universidad de Oxford. Con la llegada de la Segunda Guerra Mundial recuperó su vocación. Se formó en Enfermería en la escuela Nightingale del hospital St. Thomas de Londres, y trabajó en diferentes consultas y sanatorios, hasta que una lesión en la espalda le impidió seguir trabajando como enfermera. Entonces volvió a Oxford, donde se formó como trabajadora social, llamadas entonces «Lady Almoner».

Mientras ejercía como trabajadora social conoció a un refugiado judío de origen polaco, David Tasma, con el que entabló una profunda amistad. Entre los temas de sus conversaciones estaba cuál sería el mejor cuidado para una persona al final de la vida y dónde debería ubicarse. Cuando David murió, dejó a Saunders una suma de quinientas libras —en esa época considerable— con la frase «Yo seré una ventana en tu hogar», para que abriera una residencia para enfermos al final de la vida.

Siguiendo las últimas voluntades de David, Saunders comenzó su aprendizaje gracias a una etapa de voluntariado con pacientes al final de la vida. Sin embargo, un cirujano conocido le comentó que, si quería transformar ese ámbito, debía estudiar Medicina. Alegó que eran los médicos los que abandonaban a los pacientes al final de la vida, así que, si deseaba marcar un punto de inflexión, sólo la escucharían si era médico.

Con treinta y tres años, Saunders volvió a la universidad, entonces a la facultad de Medicina. Tras acabar los estudios en 1957, obtuvo una beca como investigadora para estudiar el tratamiento del dolor en enfermos terminales en el St. Joseph's Hospice. En esa residencia conoció al segundo emigrante polaco que le inspiró el nombre de su futuro hospicio para personas al final de la vida, San Cristóbal, patrón de los viajeros, que consiguió fundar en 1967, después de años de planificación y recaudación de fondos. Como ella comentaba: «Tardé diecinueve años en construir el hogar alrededor de la ventana».[62]

Este era su lema: «Importas por lo que eres. Importas hasta el último momento de tu vida, y haremos todo lo que esté a nuestro alcance no sólo para que mueras de manera pacífica, sino también para que, mientras vivas, lo hagas con dignidad».[63]

Desde el punto de vista médico, Saunders fue pionera en el alivio del dolor en forma de sedación continua. Acuñó el concepto de «dolor total» como aquel que se da al final de la vida, una compleja suma de elementos físicos, emocionales, sociales y espirituales. Un paciente no sólo puede vivir ansiedad, depresión y miedo, sino también la necesidad de encontrar significado a la situación, una realidad más profunda en la que confiar. Tal como comentaba en uno de sus

62. Saunders, C., «The Evolution of Palliative Care», *Journal of the Royal Society of Medicine*, n.º 94 (9), 2001, pp. 430-432.

63. Ibídem.

artículos, «aceptar una situación en la que el tratamiento se dirige al alivio de los síntomas y el alivio de la angustia general ya no significará un implícito "no hay nada más que podamos hacer", sino un explícito "se está haciendo todo lo posible"».[64]

Para ella, los cuidados paliativos era el cuidado total como respuesta al dolor total, y desde el profundo respeto a cada persona y a su propia manera de ser y entender el mundo y su enfermedad. Saunders se había convertido al cristianismo, con profundas convicciones, pero sus *hospices* estaban abiertos a cualquiera de toda creencia.

Fue pionera en el desarrollo no sólo del movimiento *hospice*, sino de los cuidados paliativos, que en pocas décadas se extendieron en todo el mundo, aunando acompañamiento humano, rigurosidad técnica, investigación y formación. ¡Y no sólo al final de la vida! Este estigma debía erradicarse.

En muy pocas décadas, los cuidados paliativos han desarrollado un enorme bagaje de conocimiento y prácticas con un elemento particular y poco frecuente: el trabajo de forma multidisciplinar. Ese cuidado «total» requiere que equipos formados por profesionales y voluntarios de diversas procedencias —enfermería, psicología, medicina, trabajo social o personas que cuiden la espiritualidad— trabajen juntos para abordar mejor la enfermedad grave y el final de la vida.

Uno de los grandes precursores en España, el doctor Gómez Sancho, es un anestesista canario que, tras una intervención quirúrgica de una hernia lumbar, sufrió una complicación infecciosa grave que lo obligó a permanecer seis meses internado y después siguió con mucho dolor. De esta experiencia nació su vocación por los cuidados paliativos, y lidera en Las Palmas de Gran Canaria una de las primeras y más activas unidades de cuidados paliativos. También encontramos

64. Ibídem.

al doctor Xavier Gómez-Batiste, pionero en la atención domiciliaria a enfermos terminales y del programa de cronicidad, director del programa de cuidados paliativos de la OMS, y que lidera una iniciativa pionera como es el programa de la atención integral a personas con enfermedad avanzada de Fundación La Caixa. Otro nombre conocido es el de Ramón Bayés. Son tantos los nombres que es imposible mencionarlos todos. Sin embargo, configuran una disciplina joven pero bien consolidada que ofrece el que debería ser un abordaje primordial y garantizado para toda persona.

Consolar, acompañar, confortar siempre

Recuperemos una frase lapidaria: «Ya no hay nada que hacer».

En clase, con los estudiantes de Medicina, acostumbro a utilizar esta sentencia y a reflexionar sobre lo que supone, pues no deja de ser una mirada reduccionista hacia lo que la medicina puede aportar. Lo simplifica y reduce a la posibilidad de curar y mejorar, y en cierta manera abandona a las personas en su sufrimiento.

Otra frase mal utilizada sería la de «Todo estará bien»: muchas veces no podemos prometerlo ni garantizar el resultado, y menos en situaciones graves. Las falsas esperanzas son eso, falsas.

Siempre se puede hacer algo, siempre, aunque ese hacer se convierta en un saber ser y estar, en un acompañar. El «Ya no hay nada que hacer» o el «Todo estará bien» deberían convertirse en un «Intentaremos que vaya lo mejor posible, pero en cualquier caso, en toda circunstancia, estaremos a tu lado, consolando, confortando y acompañando».

Y aquí volvemos al aforismo de Bérnard y Gubler. A pesar de toda la revolución biomédica y biotecnológica, curamos poco —recuerden nuestro cien por ciento de mortalidad—, podemos paliar a menudo —y más si aceptamos la primera premisa— y consolar, confortar y acompañar siempre.

El abordaje paliativo no es sólo para este tipo de cuidados, sino que debería impregnar y ser una competencia básica para todos, en cualquier especialidad o desde toda posición de atención a las personas. Mientras explicaba esto en clase, una alumna levantó la mano y, cándidamente, me preguntó: «Entiendo lo que es curar y paliar, pero no lo que significa acompañar o consolar. ¿Cómo ves eso?». Fue uno de esos momentos «Párate, mundo». Entonces pensé que quizá ella había sido capaz de formular una pregunta que otros se estaban haciendo. ¿Qué significa acompañar? ¿Cómo se aprende? ¿Impacta en las personas que atendemos?

Etimológicamente, *acompañar* significa «compartir pan», *com panus*, que sería «compartir camino» o «recorrer el camino juntos». *Consolar* guardaría relación con aliviar una carga, y *confortar* sería dar fuerzas o ánimo a una persona cansada que debe soportar un peso.

Consolar, acompañar o confortar serían sobre todo actitudes relacionadas, por supuesto, con conocimientos o habilidades, pero se traducirían como «una forma de estar» con las personas atendidas, o con una manera de entender y practicar la atención a las personas.

6

Decisiones difíciles cuando se acerca el final

La medicina ha cambiado más en veinticinco años que en veinticinco siglos.

DIEGO GRACIA, *Fundamentos de bioética*

«Bagatelles, Op. 47, 1», *Allegretto scherzando*,
ANTONÍN DVOŘÁK

La nueva muerte incorpora un nuevo lenguaje

En las últimas décadas, la medicina ha experimentado una serie de cambios que sólo pueden calificarse como revolucionarios, y su explosivo avance ha abierto nuevos escenarios ante la muerte. Como comenta el profesor Diego Gracia, uno de los pioneros de la bioética en lengua española, en un corto periodo de tiempo la medicina ha experimentado una transformación mayor que durante todos los siglos anteriores.

Ya hemos comentado en capítulos previos el riesgo de centrarse demasiado en curar y olvidarse de paliar o cuidar, pero a veces es difícil reconocer el momento y la situación concreta. Esta enorme transformación puede impedir que sigan el ritmo tanto los profesionales como los pacientes y las familias, lo que puede generar desajustes.

La muerte no sólo se ha convertido en un problema médico, sino que ha creado un nuevo lenguaje, más preciso y técnico, para intentar definir decisiones, escenarios y procesos. Al tener vidas más largas, con enfermedades crónicas y extensos periodos de fragilidad y final de la vida, hay un largo periodo de toma de decisiones; durante ese proceso aparecen diferentes escenarios que deben identificarse correctamente. Sin embargo, al ser un lenguaje tan específico y especializado, quizá a veces no ayude a tomar las mejores decisiones.

Estas decisiones tienen nombres actuales, con matices concretos pero diferenciados. Por tanto, para decidir en el final de la vida, será necesario aprender a declinar bien el lenguaje.

Hemos adoptado muchas palabras de más o menos reciente acuñación: limitación o adecuación de esfuerzo terapéutico, obstinación o encarnizamiento terapéutico, futilidad, sedación, eutanasia, suicidio asistido, voluntades anticipadas (aún hoy mal llamadas «testamento vital»)...

Estas expresiones se suceden a alta velocidad, presuponiendo que todos comprendemos y compartimos su significado. Muchas de ellas son polisémicas, es decir, tienen distintos significados, y por eso es imprescindible entender qué significan para cada uno.

Por ejemplo, una de las más repetidas al final de la vida es «muerte digna». Hay múltiples debates sobre ello, e incluso a veces se equipara erróneamente con el término *eutanasia*. *Dignidad* es una palabra con diversos significados y representa cosas muy distintas para diferentes personas. Podemos debatir mucho sobre la muerte digna, pero si no compartimos antes qué significa para cada uno, podemos estar defendiendo conceptos contrarios.

Alguna encuesta sobre la pregunta «¿Qué es para usted la muerte digna?» incluye respuestas muy diversas, desde la no prolongación artificial de la vida, el acceso a terapias del dolor, estar acompañado por personas cercanas, asumir la muerte con la mayor conciencia posible o tener la capacidad de cumplir una vivencia religiosa de la muerte.

Hablar del final de la vida y tomar decisiones sobre escenarios que pueden darse en ese momento requiere reconocer las situaciones, nombrarlas adecuadamente y comprobar que el significado es compartido por todos.

¿A qué nos referimos cuando decimos...?

Aunque sea un poco confusa, adjunto la definición formal de cada escenario. Quizá alguna descripción sea demasiado técnica, pero en este capítulo intentaremos explicarlas con las definiciones que aparecen en diferentes documentos de consenso.

- Adecuación de esfuerzo terapéutico. Retirar, ajustar o no instaurar un tratamiento cuando el pronóstico limitado así lo requiera. Implica adaptar el tratamiento de forma proporcional a las necesidades del paciente y a su situación clínica. También nos referimos a este escenario como «limitación del esfuerzo terapéutico» o mediante la sigla LET, incluso algunos amigos de Latinoamérica lo utilizan en forma de verbo, «letear». Si podemos, debemos sustituir *limitar* por *adecuar*, pues no se restringe el acceso a un tratamiento, sino que se propone el adecuado. Se puede no aplicar o suspender cualquier tratamiento o proceso terapéutico: medicación, oxigenoterapia, técnicas de soporte vital, diálisis, sangre, nutrición, hidratación...

- Obstinación de esfuerzo terapéutico, llamada antes «encarnizamiento terapéutico». Sobretratar a los pacientes cuando ya no hay indicación. Es una medida desproporcionada e incluso dañina para el paciente (por eso lo de *encarnizarse*). La obstinación terapéutica puede aparecer en cualquier momento. Si se da en el contexto del final de la vida también la podemos llamar distanasia, es decir, prolongar el proceso de morir por medio de tratamientos que sólo pretenden alargar la vida biológica del paciente y pueden provocar dolor.
- Futilidad. En medicina, sería la actuación médica que o bien es inútil para conseguir un objetivo beneficioso o bien lo consigue a costa de molestias o sufrimientos desproporcionados para el paciente, o serios inconvenientes económicos, familiares o sociales.
- Sedación paliativa o terminal. Tratamiento para disminuir la conciencia en un paciente con la intención de aliviar la sintomatología refractaria o el sufrimiento físico o psicológico. Como todo tratamiento, se propone por el equipo tratante y se consensúa con la familia y, si es posible, con el paciente. Sería sedación terminal cuando la muerte se prevé próxima, o sedación paliativa si no hay una proximidad de la muerte, pero no puede darse respuesta a los síntomas o el sufrimiento refractario al tratamiento multidisciplinario, es decir, cuando haya síntomas resistentes a un abordaje amplio. La sedación no provoca ni adelanta la muerte. Antes se llamaba erróneamente «eutanasia indirecta».
- Eutanasia. Provocación de forma directa e intencional de la muerte de una persona que padece una enfermedad avanzada o terminal a petición expresa de ésta.
- Suicidio médicamente asistido. Ayuda médica para suicidarse, proporcionando al paciente los fármacos necesarios para que se los administre él mismo.

- Voluntades anticipadas. Documento en el que una persona adulta expresa de forma anticipada su voluntad sobre los tratamientos y cuidados que quiera recibir en caso de que no pueda hacerlo en el futuro. El documento sólo tendrá valor si la persona está en un estadio de incompetencia; en caso contrario, siempre hay que hablar con el paciente. Es un documento regulado por la ley que debe cumplir unos requisitos para su redacción, certificación y registro. Antes era conocido como «testamento vital».
- Planificación anticipada de los cuidados. Se parece al anterior, pero es más clínico. Hace referencia a esas conversaciones difíciles entre el paciente y sus profesionales respecto a cuál es la atención que desea recibir, intentando planificar los diferentes escenarios.

¿Demasiados términos? ¿Demasiado técnicos? ¿Demasiado confusos? Yo respondería, sí, sí y sí. Pero algún día tendrán que tomar decisiones sobre estos escenarios, sobre ustedes mismos o sobre sus familias.

La medicina se ha vuelto más compleja, con lo que las decisiones serán cada vez más complicadas. Y ha sucedido en un periodo de tiempo muy corto, sin dar espacio a la asimilación por parte de los pacientes y las familias, y en algunos casos, tampoco por parte de los profesionales de la salud. Por ejemplo, la palabra *futilidad*, en este contexto médico, es muy reciente, con pocas décadas de recorrido, pues se usó por primera vez en la década de 1980.

Además, gran parte de esta terminología ha cambiado en este corto periodo de tiempo. Hace muy poco lo llamábamos «encarnizamiento» y ahora recomendamos «obstinación», antes era «testamento vital» y ahora «voluntades anticipadas»...

Seguramente sea un reflejo de la novedad, la complejidad y la velocidad en que se ha producido la transformación médica y, con ello, en el final de la vida.

¿Por qué la revolución médico-tecnológica debe acompañarse de una revolución bioética?

Ya hemos comentado que este enorme progreso médico se ha dado en muy pocas décadas, por lo que podríamos definirlo casi como una revolución médica, lo que producía nuevos escenarios y situaciones. Pero hay que tener en cuenta que muchas de esas nuevas situaciones han incorporado problemas éticos, no sólo técnicos, con lo que únicamente podremos darles respuesta desde la reflexión.

Por ello, una de las sentencias fundacionales del mundo de la bioética afirma que «No todo aquello técnicamente posible es éticamente correcto».

Con los grandes avances médicos hay posibilidades casi ilimitadas de realizar pruebas y tratamientos, por lo que será imprescindible plantearse si hay límites y, sobre todo, cómo se definen.

Una de las primeras reflexiones sería ser conscientes de que en algunas situaciones o condiciones de las personas muchas pruebas diagnósticas y tratamientos puede que ya no estén aportando un bien, o que incluso provoquen un daño. Sin embargo, en el imaginario de las personas, de las familias e incluso de muchos profesionales de la salud se considera que hay que hacer «absolutamente todo lo posible».

Debemos entender que, con frecuencia, hacer todo lo posible puede ocasionar un daño. Y aquí situamos la expresión «obstinación terapéutica».

Quizá haya que ir sustituyendo la frase «Hacer absolutamente todo lo posible» por la de «Se ha hecho todo lo proporcionado, prudente, adecuado...». Pero la gran pregunta es: ¿quién decide qué es proporcionado, prudente, adecuado...?

La respuesta tiene dos caras bien diferenciadas: una parte médica y otra que guarda relación con los valores o preferencias de cada persona.

En el fondo, muchos somos conscientes de ese riesgo de exceso al final de la vida, sobre todo quienes han vivido en su familia o en su entorno cercano experiencias de «malas muertes». A menudo, si le preguntas a alguien cómo quiere morir, responderán cómo no quieren hacerlo: abarrotados de tubos y enchufados a múltiples máquinas, en una aséptica sala de hospital, y alejados de la presencia y compañía de la familia o amigos.

Para muchas personas, una muerte digna consiste en evitar este escenario de final de la vida, no morir conectados a máquinas o con tubos, y en entornos, en cierta manera, hostiles.

En nuestra sociedad ha aparecido un miedo asociado, que no es tanto el miedo a la muerte, sino a morir de una determinada manera. En el imaginario aparece este espectro, aunque quizá no sepamos darle un nombre especializado: el miedo a morir sufriendo.

¡Qué enorme paradoja! En la historia de la humanidad, nunca se había contado con tantas posibilidades diagnósticas y de tratamiento, de abordaje del dolor, de paliación de síntomas, de manejo psicológico o espiritual del sufrimiento..., pero convivimos con un aumento del miedo a morir sufriendo.

El doctor Sherwin Nuland, médico cirujano, en su fantástico libro *Cómo morimos. Reflexiones sobre el último capítulo de la vida*, lo sintetiza muy bien: «La muerte pertenece al moribundo y a quienes lo aman. Aunque mancillada por los estragos de la enfermedad, no se debe permitir que además sufra la perturbación de bienintencionados pero inútiles esfuerzos».[65]

Quizá no sólo se teme a un final de la vida con sufrimiento, sino a un periodo largo, muy largo, de angustia por la enfermedad, la vejez o la combinación de ambos factores. Hay miedo a un exceso de tratamiento al final de nuestros días que pueda provocar más sufrimiento en lugar de aliviarlo. Pero ¿cuánto cuesta poner el cascabel al gato?

Recordemos a Johnson. Seguramente, las personas no quieren vivir muchísimos más años. «Lo que quieren, en el tiempo disponible, es vivir mejor»,[66] y un enfoque determinado de la medicina en este periodo de vida, más que aliviar, puede provocar más sufrimiento.

En muchos contextos es dificilísimo saber parar o buscar aquello que es proporcional, prudente y adecuado. La respuesta es difícil, por supuesto, pero no imposible. El problema fundamental es ni siquiera plantearnos la pregunta, y la respuesta no es necesariamente la eutanasia. Ésa podría ser una de las grandes falacias de nuestra época: asimilar la buena muerte o la muerte digna a provocar la muerte.

No confundamos una ley de la eutanasia con tener garantizada una muerte digna, en absoluto: saber adecuar los tratamientos, implementar un enfoque basado en el control de los síntomas, abordar el sufrimiento psicológico y espiritual, sedar cuando los síntomas no puedan controlarse, optar por recursos cuando la carga familiar sea intensa o si no hay recursos económicos (pues morir bien es caro). Por ello es importante no confundir cuidados paliativos y buen morir con eutanasia. El problema es que, en este caso, el orden de los factores sí importa.

65. Nuland, S. B., *Cómo morimos. Reflexiones sobre el último capítulo de la vida*, Alianza, Madrid, 1993.

66. Johnson, S. *op. cit.*

Recibir un tratamiento adecuado al final de la vida debería ser un derecho garantizado, y atañe a toda la población, por lo que buscar la manera de responder al enorme sufrimiento del momento final debería ser una prioridad.

La revolución ética debe acompañar a la médica, y llegar tanto a los médicos como a los pacientes. De hecho, sólo implica seguir preguntándonos, no dar las respuestas por sabidas.

Saber adecuar el final de la vida: aprender a parar

Para los médicos, es más difícil saber parar que seguir adelante «con todo». El neurocirujano británico Henry Marsh, en su libro *Ante todo, no hagas daño*, lo conceptualiza así: «Hacen falta tres meses para aprender a hacer una operación, tres años para saber cuándo hacerla y treinta años para saber cuándo no hacerla».[67]

«No hacer» requiere más sabiduría que «hacer». Pero quizá se debe a que no lo incorporamos en nuestra formación como médicos desde el inicio, y que presuponemos que hacer siempre es mejor.

Antes de la revolución médica, casi no había opciones. En esa época se llamaba «desahuciados» a este tipo de enfermos, a los que quizá podía ofrecerse algún calmante y poco más. Desahuciados. ¡Por favor, este término desapareció del lenguaje hace décadas, no lo utilicemos más!

Venimos de una milenaria tradición médica paternalista en la que el médico, los profesionales de la salud o, como máximo, la familia, decidían qué había que hacer. La llama-

67. Marsh, H., *Ante todo, no hagas daño*, Salamandra, Barcelona, 2016.

mos paternalista, pues se actuaba como un padre y el paciente aceptaba como un niño.

En este modelo, el médico elegía las pruebas y los tratamientos, y decidía durante todo el proceso. Asumía que el médico tenía los conocimientos objetivos necesarios para diagnosticar, elegir las pruebas necesarias y tratar, y la información que recibía el paciente estaba sesgada.

Por supuesto, todo ello por el bien del paciente, pero con esa máxima de «Todo por el enfermo, pero sin tener en cuenta la opinión del enfermo».

¿Seguimos siendo paternalistas? En parte, quizá sí. Tanto para algunos médicos como para algunas familias y pacientes este modelo les va bien. Para los médicos, es el que han aprendido y, para los pacientes, les simplifica la situación, y claro, el profesional es el que sabe...

Pero les rogaría que enviaran este modelo paternalista al desván, junto con la palabra *desahuciado*. Esta tradición ya no representa el que debería ser el marco actual de relación médico-paciente ni el de la toma de decisiones.

Ha habido un cambio de época, estamos ante una revolución médica sumada a la revolución bioética, que van de la mano con el respeto a la autonomía de las personas respecto a las decisiones sanitarias.

A causa de distintos factores, desde hace muy pocas décadas, las decisiones en el ámbito de la salud pertenecen al paciente. Este puede escoger entre las diferentes opciones, si las hay, o elegir no realizar el tratamiento. Es decir, el médico informa y propone las diferentes alternativas, pero el paciente toma la decisión final.

Eso significa que la persona debe estar exquisitamente informada durante todo el proceso. Por supuesto, el papel del médico no es sólo el de informador, sino que acompaña al paciente, le propone alternativas, le ayuda a identificar los valores y preferencias subyacentes, y le aconseja si se lo pide... Pero sin imponer, presionar ni manipular. Esto supone un profundo cambio en la relación médico-paciente que se ve en la necesidad de ser capaces de entablar diálogos, escucharnos y hablarnos.

Sin embargo, muchos estudios muestran un hecho curioso que quizá hayan experimentado: el tiempo promedio que un médico tarda en interrumpir a un paciente cuando habla es de unos veinte segundos, incluso alguno indica a los once.

Quizá, en el fondo, el doctor House tuviera razón cuando en una de esas conversaciones tan propias de él, comentaba que lo que le gusta a los médicos es tratar enfermedades:

Cameron: Al doctor House no le gusta tratar con pacientes.

Foreman: ¿No es el tratamiento de los pacientes la razón por la que nos convertimos en médicos?

House: No, tratar enfermedades es la razón por la que nos convertimos en médicos. Tratar pacientes es lo que hace que la mayoría de los médicos se sientan miserables.

Foreman: Así que ¿estás tratando de eliminar a la humanidad de la práctica de la medicina?

House: Si no les hablamos, no pueden mentirnos y nosotros no les mentimos. La humanidad está sobrevalorada.

A veces el sarcasmo esconde una cierta razón, pero me gustaría seguir creyendo que la mayoría de nosotros nos hicimos médicos para ayudar a las personas, aunque por el camino aprendimos mal que la mejor forma de hacerlo era tratar enfermedades. Y nos olvidamos de las personas. Nos olvidamos de la humanidad, y la escucha atenta y la empatía se han convertido en algo accesorio, o incluso, según el doctor House, en algo molesto.

Sin embargo, la bioética insiste en recordarnos que las reglas del juego han cambiado, y que debemos ajustar nuestros conocimientos, habilidades y actitudes a este nuevo escenario, en el que la persona que atendemos debe tomar sus propias decisiones.

¿Cuál es la mejor opción?

Depende.

¿De qué? Por un lado, de las posibilidades médicas. Como ya hemos dicho, por la desviación de una idealista ilusión tecnológica, debemos empezar reconociendo que hay tratamientos que, para determinados pacientes y en situaciones concretas, no aportarán valor, como la futilidad. Además, hay situaciones para las que no habrá una respuesta curativa.

Pero, por otro lado, depende de la valoración de la situación de cada persona, y ello sólo puede aportarlo la propia persona.

Christer Mjåset, médico neurocirujano noruego, en una interesante conferencia TED, desglosa una serie de preguntas que deberíamos hacernos ante los nuevos tratamientos, no sólo al final de la vida.[68]

Estas preguntas pueden ayudar a guiar a pacientes, familias y médicos:

1. ¿Es realmente necesario?
2. ¿Cuáles son los riesgos?
3. ¿Hay otras opciones?
4. ¿Qué pasa si no hago nada?

68. Mjåset, C., «4 Questions You Should Always Ask Your Doctor». Disponible en: <https://www.ted.com/talks/christer_mjaset_4_questions_you_should_always_ask_your_doctor#t-257150>.

Cuanto más difícil sea una decisión, más tendremos que profundizar en esas preguntas y hablar sobre ellas. Como comentaba el doctor Chantler, pediatra británico, «antes la medicina solía ser ineficaz, pero simple y segura. Ahora es muy efectiva, pero compleja y relativamente peligrosa».[69]

Por ello debe comprobarse si un tratamiento es necesario y qué va a aportar, además de delimitar los riesgos más frecuentes y previsibles, pero también los más graves. Es importante detenerse a valorar si hay otras opciones y, por supuesto, una de ellas es la posibilidad de «no hacer».

La medicina es cada vez más efectiva, pero entraña riesgos mayores. El paciente, acompañado y asesorado por los profesionales de la salud, debe preguntarse cuáles está dispuesto a asumir, no sólo por el respeto a la autonomía, sino porque en este nuevo escenario de opciones y posibilidades casi infinitas los valores pesarán cada vez más para saber cuál es la buena decisión, la más proporcional, prudente y adecuada. El médico posee los conocimientos y las estadísticas, pero lo que «vale la pena» para cada persona será distinto.

Pongamos un pequeño ejemplo, un paciente de sesenta y ocho años con un cáncer de pulmón en estado avanzado. Ya ha realizado los cinco protocolos estándar de quimioterapia. A partir de este momento pueden plantearse varias opciones: ser derivado a cuidados paliativos para abordar los síntomas y priorizar el confort, ser derivado a otro hospital donde se ha iniciado un ensayo en este tipo de cáncer o probar otra combinación de fármacos con muy pocas probabilidades de éxito y muchos efectos secundarios.

¿Cuál es la mejor opción?

69. Chantler, C., «The Role and Education of Doctors in the Delivery of Health Care». *The Lancet*, n.º 353 (9159), Londres, 1999, pp. 1178-1181.

La respuesta es «depende», y no la podrá dar el médico, con sus conocimientos técnicos. Dependerá de lo que más valore el paciente en ese momento concreto de su vida.

Cuantas más opciones haya ante una toma de decisiones, más pesarán los valores, las creencias y las preferencias personales. Las decisiones en cronicidad y final de la vida no son técnicas —tomadas por los médicos—, sino que tienen un alto peso tanto en las expectativas como en los valores individuales.

Además, son decisiones que se toman en contextos relacionales. No somos seres completamente autónomos, sino que vivimos en entornos de relaciones, con lo que las familias y el ambiente en que se toman también influirán.

¿Por qué quiero morir a los setenta y cinco años?

Esta frase es la traducción del título de un provocador artículo de Ezekiel Emanuel, uno de los mejores bioeticistas norteamericanos actuales. Emanuel, que se declara en contra del suicidio asistido y la eutanasia, realizó el ejercicio de plantearse su propia finitud, y nos lo ha dejado por escrito.

Reconoce que, por supuesto, hay una adaptación a lo largo del proceso de envejecer, y que aquello que ahora da por válido quizá en el futuro no lo sea. Afirma que, a medida que avance el tiempo, quizá su límite de setenta y cinco años se amplíe a setenta y ocho u ochenta, porque se irá acomodando al cambio:

> Acomodamos nuestras limitaciones físicas y mentales. Nuestras expectativas se reducen. Conscientes de nuestras capacidades decrecientes, elegimos actividades y proyectos cada vez más restringidos para asegurarnos de que podremos cumplir-

los. De hecho, esta contracción sucede casi imperceptiblemente. Con el tiempo, y sin una elección consciente, transformamos nuestras vidas.[70]

Pero este acercamiento a la vejez va unido a una reflexión sobre su propio fin y el papel de la medicina en esa época:

> Una vez que haya vivido setenta y cinco años, mi acercamiento a mis cuidados de salud cambiará por completo. No voy a terminar activamente con mi vida. Pero tampoco trataré de prolongarla. Hoy, cuando el médico recomienda una prueba o un tratamiento, especialmente si extenderá nuestras vidas, nos incumbe a nosotros dar una buena razón por la que no lo queremos... A los setenta y cinco años y más allá, necesitaré una buena razón para ir incluso al médico, hacerme cualquier examen o realizarme un tratamiento médico, no importa cuán rutinario y sin dolor sea. Y ésta dejará de ser una buena razón: «Va a prolongar su vida»... Si sufro dolor u otras discapacidades, sólo aceptaré cuidados paliativos, no tratamientos curativos.[71]

Diría que este artículo es más bien un ejercicio teórico, quizá exagerado y hasta cierto punto irreal de aproximación al envejecimiento más que al final de la vida, pero es importante reconocer su valentía y la necesidad de un planteamiento, puede que no tan radical, pero sí ineludible de planificar y pensar cómo nos gustaría nuestro final.

Del mismo modo que en algún momento de nuestra vida deberíamos plantearnos realizar testamento ante no-

70. Emanuel, E. J., «Why I Hope to Die at 75», *The Atlantic,* n.º 314 (3), 2014, pp. 74-81.

71. Ibídem.

tario, pensando en qué hacer con nuestros bienes materiales, sería importante plantearnos qué hacer cuando enfermemos.

¿Qué es importante para cada uno de nosotros? ¿Qué es imprescindible? Y si ya no tengo la capacidad de tomar decisiones, ¿quién creo que será la mejor persona para tomarlas por mí? ¿Quién puede entender mejor mis preferencias?

En estas preguntas estamos manejando varios de los conceptos o palabras que hemos planteado al inicio del capítulo, como adecuación del esfuerzo terapéutico por propia voluntad (recuerden que hay otra adecuación por indicación médica). Emanuel lo identifica muy bien: a partir de cierta edad no querrá realizarse pruebas preventivas, y si desarrolla una enfermedad oncológica priorizará los tratamientos que le aporten calidad de vida.

Ésta sería la herramienta más eficaz para evitar ese miedo al final de la vida. Implica no sólo sentarse y pensarlo, sino hacerlo «con otros», con la familia, con personas cercanas y significativas. Significa ir desgranando situaciones, escenarios y determinar quién será el responsable de tomar decisiones cuando tú ya no puedas decidir. Además, esta persona debe estar de acuerdo en hacerlo sin que represente una enorme carga para ella. Te recomiendo que también lo hables con tu médico o enfermera de atención primaria, ya que pueden guiarte tanto a ti como a tu familia por este territorio desconocido.

Todo ello puede y debe reflejarse por escrito en un documento de voluntades anticipadas y registrarse de la forma adecuada. Si queda reflejado en la historia clínica, se conoce como «planificación anticipada de cuidados».

Las decisiones serán complejas, pero si ya las hemos pensado y hablado con nuestras personas cercanas, la carga será más ligera. Necesitamos conversaciones difíciles que precedan a las decisiones complicadas. Hablar de ello nos ayudará a identificar situaciones, eliminar miedos, conocer y movernos mejor cuando llegue la enfermedad y el final de la vida.

7

El dolor del duelo

> Parad los relojes, descolgad el teléfono, evitad que el perro ladre con un jugoso hueso, que callen los pianos y, con sordo timbal, sacad el ataúd, dejad pasar el duelo...
>
> W. H. AUDEN, *Blues del funeral*
>
> *Nothing Compares 2 U*, JIMMY SCOTT

Dolor

El dolor del duelo es simple y desgarradoramente dolor provocado por la muerte de una persona querida, causado por la herida de la pérdida, y requerirá de un proceso de ajuste y reparación.

Es difícil describir el proceso caótico y personal que supone el periodo de duelo, pues el dolor se expresa de formas muy diferentes, con tiempos diversos y ritmos particulares.

Suelo hablar más de muerte y duelo con niños que con adultos. Muchas veces, las primeras sesiones intento ayudarlos a entender y poner nombre a lo que están viviendo. Hablamos del duelo como herida: cuando muere una persona cercana es como si perdiéramos una parte de nosotros, como si nos cortaran un brazo o una pierna, o ambas, y queda una profunda herida. Las heridas «duelen» de diferentes maneras: unas sangran continuamente, otras se infectan, las hay que pican e incluso otras se curan en falso, por lo que es muy fácil que se reabran.

El proceso de duelo implica la curación de esa herida, además de aprender a vivir sin esa parte de nosotros mismos que nos falta. Hay situaciones y acciones que facilitan esa curación y otras que la empeoran, pero en cualquier caso, para que sane, hará falta tiempo y buenos cuidados. El duelo como herida es una de las muchas metáforas que podemos hallar para explicarlo, para manifestar ese inmenso dolor, desgarro a veces, de perder a una persona querida.

Pero ese dolor forma parte de la vida. Como comentaba el psiquiatra Murray Parkes: «El dolor del duelo forma parte de la vida exactamente igual que la alegría del amor; es el precio que pagamos por el amor, el costo de la vinculación».[72]

El duelo está relacionado con el amor, con el vínculo. A lo largo de la vida vamos generando vínculos, sobre todo durante la infancia. Diríamos que son los que nos sostienen. Bowlby, psicólogo a quien debemos algunas de las primeras descripciones de la teoría del vínculo y el apego, explicaba que cada persona construye sus propios modelos operativos sobre el mundo, sobre los demás y sobre sí mismo a través de sus vínculos, y esto nos ofrece una manera de relacionarnos con el mundo.[73] Nuestra identidad se formaría a partir de nuestros vínculos y nos construimos por su historia.

72. Parkes, C. M., *The Price of Love: The Selected Works of Colin Murray Parkes*, Routledge, Londres, 2014.

73. Bowlby, J., *Vínculos afectivos: formación, desarrollo y pérdida*, Morata, Madrid, 2014.

Pero no sólo nos vinculamos a personas, sino también a proyectos, cosas, comunidades, sitios o ideales. Muchas veces, cuando le preguntamos a alguien quién es, la respuesta la da a través de su historia, y esta refleja los vínculos que hemos creado.

Javier Gomá, en su obra teatral *El inconsolable*, comenta:

> El hombre es una entidad temporal en continuo devenir, por eso se resiste a ser comprendido por las ciencias naturales. Sólo el género narrativo, que se hace cargo del antes y del después, logra apresar su fluyente esencia. Cuando queremos saber más de alguien y preguntamos quién es, a nadie se le ocurre respondernos con una definición, siempre con una historia: la de sus orígenes, su cuna y las vicisitudes de su biografía.[74]

Nuestros orígenes, nuestra cuna y la biografía describen la historia de nuestros vínculos y, en parte, sostienen aquello que somos. Volveremos a este texto más adelante, al referirnos al valor de las historias y de lo narrativo para ser conscientes de nuestra esencia y devenir.

Los vínculos conforman nuestra identidad, y cada vínculo significativo que se rompe produce dolor, una herida. El duelo es la respuesta natural y adaptativa para intentar asimilar la pérdida, aceptar la ausencia, manejar emociones y sentimientos contradictorios, todos ellos de elevada intensidad, aprender a sobrevivir... Y todo ello también impacta en la biografía —a veces también en la biología— de las personas.

Pero mientras que la suma de vínculos puede requerir ciertos ajustes y provocar cierto caos y estrés, el duelo pro-

74. Gomá Lanzon, J., «El inconsolable», *El Mundo*, 2016.

duce un importante reajuste que genera una etapa de caos y desorganización, como en cierta manera recuerda la tormenta de arena que Haruki Murakami describe en su *Kafka en la orilla*:

> A veces, el destino se parece a una pequeña tempestad de arena que cambia de dirección sin cesar. Tú cambias de rumbo intentando evitarla. Y entonces la tormenta también cambia de dirección, siguiéndote a ti. Tú vuelves a cambiar de rumbo. Y la tormenta vuelve a cambiar de dirección, como antes. Y esto se repite una y otra vez. Como una danza macabra con la muerte antes del amanecer. Y la razón es que la tormenta no es algo que venga de lejos y que no guarde relación contigo. Esta tormenta, en definitiva, eres tú. Es algo que se encuentra en tu interior. Lo único que puedes hacer es resignarte, meterte en ella de cabeza, taparte con fuerza los ojos y las orejas para que no se te llenen de arena e ir atravesándola paso a paso. Y en su interior no hay sol, ni luna, ni dirección, a veces ni siquiera existe el tiempo... Y cuando la tormenta de arena haya pasado, no comprenderás cómo has logrado cruzarla con vida. ¡No! Ni siquiera estarás seguro de que la tormenta haya cesado de verdad. Pero una cosa quedará clara. La persona que surja de la tormenta no será la misma que entró en ella. Y ahí estriba el significado de la tormenta de arena.

El duelo es como la tormenta que describe Murakami, ese momento caótico en que se pierden los referentes e incluso el norte, las creencias nucleares que ayudan a entender el mundo. Somos, pues, el resultado de esa suma de vínculos y duelos.

La herida invisible

Cuando hablo con niños sobre el duelo como herida, a menudo me dicen que parte del problema es que la herida no se ve. Un niño de diez años me dijo: «Está bien, si pierdes una pierna todos se dan cuenta, entonces te ayudan para volver a caminar o a moverte. Pero si perdí a mi mamá nadie lo ve y no se dan cuenta de lo que duele».

El sufrimiento del duelo es invisible si no entrenamos la mirada.

Intentaré explicarlo con la historia de dos pintores y un cuadro: Millet, Dalí y *El Ángelus*. La imagen representa a dos campesinos inclinados, casi como dos siluetas, rezando una oración, sumergidos en un paisaje crepuscular. Podríamos comentar que se parece al de *Las espigadoras* o a algún otro motivo campestre, pero la luz en penumbra, el recogimiento y la soledad hacen presagiar algo más.

Explican que Dalí estaba obsesionado con esta pintura, de la que tenía una copia en su casa familiar. Esto le llevó a analizarla e incluso escribió un libro sobre ella, *El mito trágico de «El Ángelus» de Millet*, de la que dijo que era «la obra pictórica más íntimamente perturbadora, la más densa».

Esta obsesión lo llevó a contactar con los descendientes de Millet, quienes le explicaron que el cuadro guardaba un secreto: al principio, a los pies de los campesinos, el pintor había incluido un pequeño ataúd. La pintura representaba una escena en la que los protagonistas estaban enterrando a su hijo. Después, como la obra era difícil de vender, Millet pintó una cesta encima del ataúd y una horca sobre la pala, convirtiéndola en la imagen que vemos hoy. En realidad, el cuadro representaría la oración de unos campesinos en el entierro de su hijo.

Finalmente, Dalí consiguió que el museo del Louvre —donde estaba entonces el cuadro— realizara una radiografía de la obra, y apreciaron que, bajo la pintura del cesto, había otra imagen, una pequeña caja cuadrada, el ataúd.

¡Esa mirada!

La mirada de saber reconocer el sufrimiento bajo lo que vemos es la que requiere el duelo. La obsesión de Dalí no se extinguió al conocer y comprobar la historia, sino que continuó, y pueden verse múltiples pinturas, bocetos o dibujos en los que el pintor reinterpretaba el cuadro.

Explican que esta obsesión tenía como fuente la propia historia de Dalí. El pintor había tenido un hermano mayor que falleció —Picasso también tuvo una hermana que murió prematuramente—, pues era una época de gran mortalidad infantil. El hermano de Dalí se llamaba Salvador, y murió a los tres años por meningitis. Poco tiempo después, al nacer el que sería uno de los grandes pintores del siglo XX, lo llamaron como a su hermano fallecido. En cierto momento, sus padres le explicaron que era la reencarnación del niño muerto.

Quizá sea una historia con muchas capas alrededor, y no conocemos hasta qué punto, en su transcurso vital, la vivencia experimentada del duelo familiar otorgó esa mirada a Dalí.

Haber vivido una situación personal similar puede facilitar que aparezca esa mirada. Los silencios y una muerte escondida crearon una mirada capaz de reconocer el sufrimiento, pero la gran pregunta es cómo promover esa mirada capaz de ver más allá de lo que tenemos delante, cómo reconocer la herida invisible.

¿Qué es normal en el duelo?

El duelo, ese dolor invisible, afecta a toda la persona y a todas sus dimensiones. El dolor no sólo se expresa con las emociones, sino también con el cuerpo, el pensamiento y el mundo de las creencias y los valores, de forma que se ve afectada la propia visión de uno mismo, la visión hacia los demás y la visión del mundo.

Chimamanda Ngozi Adichie, fantástica escritora de origen nigeriano, describía así el dolor del duelo por la muerte de su padre en *The New Yorker*:

> El dolor es un tipo de educación cruel. Aprendes lo poco amable que puede ser el duelo, lo lleno de ira que puede estar. Aprendes cómo se pueden sentir las condolencias simplistas. Aprendes cuánto dolor se debe al lenguaje, al fracaso del lenguaje y al aferramiento al lenguaje. ¿Por qué me duelen tanto los lados? Es de llorar, me han dicho. No sabía que lloramos con los músculos. El dolor no es sorprendente, pero su «fisicalidad» es, en mi lengua insoportablemente amarga, como si hubiera comido algo que detesto y me hubiera olvidado de lavarme los dientes, sintiendo en el pecho un peso pesado, terrible, y, dentro del cuerpo, una sensación de eterna disolución. Mi corazón, mi corazón físico real, nada figurativo aquí, huye de mí, se ha convertido en algo separado, late demasiado rápido, con sus ritmos en desacuerdo con los míos. Es una aflicción no sólo del espíritu, sino también del cuerpo. La carne, los músculos, los órganos se ven todos comprometidos. Ninguna posición física es cómoda. Durante semanas, mi estómago está revuelto, tenso y apretado por el presentimiento, la certeza siempre presente de que alguien más morirá, de que se perderán más.[75]

El duelo no sigue un periodo concreto y predecible de fases como las que describió Kübler-Ross, pues eran para

75. Adichie, C. N., «Notes of Grief», *The New Yorker*, 10 de septiembre de 2020. Disponible en: <https://www.newyorker.com/culture/personal-history/notes-on-grief>.

enfermos al final de la vida, no en duelo. Diversos autores hablan de tres momentos del duelo: una fase inicial de *shock*, incredulidad o aturdimiento; una segunda de desorganización, como una tormenta emocional, y una tercera de reorganización y adaptación. La última fase sería el «Todo volverá a estar bien, pero no será como antes».

Autores recientes describen el duelo como un periodo caótico y desorganizado, con mucha diferencia entre las personas. Una niña de nueve años lo definía así: «Si me preguntan cómo estoy, no sé exactamente cómo contestar, pues estoy muchas cosas a la vez». Dibujaba manchas de muchos colores representando diferentes emociones —sí, al estilo de Intensa Mente *(Inside out)*—, todos a la vez, uno encima del otro, hasta que se convertían en un amasijo sin forma ni color determinado... Me recordaba que el dolor no tiene un color determinado.

Como ya dijimos en varias ocasiones, las expresiones de duelo son muy variadas, y afectan a todas las dimensiones de la persona. Son tan indirectas y distintas que a veces cuesta reconocer que son expresiones de duelo y se atribuyen a diferentes causas.

Emocionalmente, se da esa tormenta de arena de la que hablaba Haruki Murakami, que podríamos llamar de los «cuatro jinetes del Apocalipsis en duelo», las cuatro emociones predominantes en el duelo: ansiedad, tristeza, rabia y culpa. Sin embargo, ninguna es un compartimiento aislado ni se expresa de una forma concreta. En la ansiedad encontraremos mucho miedo, angustia, estrés o *shock*, cada uno con un matiz diferente, que se van a mezclar con tristeza, nostalgia, agotamiento, apatía, impotencia, anhelo, coraje, enojo, ira, frustración, irritación, resentimiento, culpa, reproche... Podríamos seguir, pues cada persona configura su gama de colores con diferentes matices y distinta expresión.

Una de las expresiones del duelo es la «anestesia afectiva», la incapacidad de sentir nada, ni siquiera dolor. Para entenderla, recurriremos a otro pintor, Paul Klee. Explican que vivió la Primera Guerra Mundial, con sus trincheras, el gas mostaza, la muerte violenta de varios de sus amigos... Después de la contienda, afirmó: «A mayor horror, mayor abstracción». Cuanto más traumática, violenta y horrorosa es una experiencia, más difícil es conectar emocionalmente con ella.

Con algunas muertes dramáticas cuesta conectar y aparece esa insensibilidad o abstracción. Suele ser temporal, pero muchas veces ocasiona una enorme carga de culpa añadida a la persona en duelo.

Las emociones se expresan de diversas formas en cada uno. Para muchas personas, llorar es la principal. Llamamos al llanto «el lenguaje de aquello que no tiene palabras». Puede surgir al visitar el cementerio o un lugar significativo con ese anhelo de encuentro, soñar con la persona querida, llamarla por teléfono o escuchar una grabación una y otra vez, ponerse o acariciar sus prendas favoritas para buscar su olor.

También la persona puede desconectar del mundo y no querer hablar con nadie.

A esa tormenta emocional se le suman dificultades cognitivas o de pensamiento, como despistarse, confundirse, olvidarse de las cosas, y la dificultad para concentrarse, leer, pensar u organizar las ideas.

También es frecuente y normal —pero a veces produce más angustia— sentir la presencia de la persona fallecida, incluso escucharla, tener la sensación de que está cerca, que nos toca o llegar a verla.

El cuerpo también duele: cuesta dormir, aparecen dolores de cabeza, de estómago, opresión en el pecho o sensación de ahogo, palpitaciones, pérdida del apetito o comer demasiado, perder el gusto al comer, cansancio extremo y mucha debilidad.

En la evolución del duelo influyen factores que dependen de la persona en duelo, como la edad, la vivencia de duelos previos, si hay muchos elementos estresantes añadidos (laborales, económicos...), problemas de salud previos o pocos recursos personales para enfrentarse al estrés.

Por último, contribuirá también el apoyo social o familiar real, tener una comunidad de referencia o contar con un sistema tradicional de apoyo. Todo ello influirá en que la persona o la familia que pase un duelo pueda transitarlo con dolor, pero con normalidad, o que el duelo derive en otras complicaciones. Por sí mismo, el duelo no es una enfermedad o un trastorno, pero sí un potente factor de estrés que puede tener un costo en la salud.

Algunos estudios muestran que el 30 por ciento de las personas que han experimentado un duelo significativo presentan un empeoramiento en su salud —física, psíquica o ambas— los años posteriores a la pérdida. Asimismo, se estima que entre un 10 y un 20 por ciento de las personas pueden experimentar un duelo complicado, aquel que, por el tipo de pérdida, por las características de la persona que pasa el duelo o por factores situacionales, conllevará una serie de variables que dificulten su resolución.

Hay duelos que presentan una carga añadida por cómo se ha producido la muerte, como en situaciones inesperadas o muy traumáticas, cuando no se recupera el cuerpo o si el proceso ha sido muy doloroso. También se incluirían aquí los suicidios, los homicidios, cuando muere un niño o un adolescente, o las muertes desautorizadas socialmente, como la perinatal.

La muerte por suicidio acostumbra a generar un tipo de duelo con una gran carga adicional. Acostumbra a generar una cascada de interrogantes que resultan imposibles de responder. La conducta humana es muy compleja, y no le influye un solo factor, sino un conjunto de ellos. Por tanto, no es habitual que un solo hecho explique una conducta suicida. En la literatura y en la filosofía ha habido una cierta mitificación de la figura del «suicidio lúcido», pero en general es un acontecimiento que conlleva un elevadísimo sufrimiento para quien lo realiza y un costo brutal para los familiares y amigos que quedan.

Estos duelos complejos son escenarios de un alto impacto emocional, y van a requerir mayores estrategias de acompañamiento, explícitas y elaboradas, para transitarlos.

Acompañar el duelo

Un duelo requiere tiempo, rituales y procesos, como acostumbra a decir Anna María Agustí, experta en duelo, maestra y amiga.[76]

El tiempo es una variable que hay que tener en cuenta, y no existe evidencia científica alguna que diga qué es normal durante el duelo o cuánto debe durar. En diferentes sociedades y culturas se han considerado normales distintos periodos de duelo. Pensemos en nuestra sociedad. El duelo transforma a una persona para siempre, y ello implica que pasa a formar parte de su identidad. El tiempo del duelo sería este camino de adaptación, desorden y caos hacia una nueva organización. No sólo dependerá de las personas sino también, como comentábamos, de las sociedades, las culturas y el entorno inmediato.

Pero si tuviéramos que poner una cifra al duelo hablaría-

76. Agustí, A. M., *Afrontamiento de la muerte y el morir de los estudiantes de medicina de la Universidad de Lleida* [Tesis doctoral], Universidad de Lleida, 2015.

mos de entre uno y tres años, según la intensidad de la pérdida. Cuando ha muerto una persona significativa o importante en nuestra vida será casi imposible hablar de un periodo inferior al año.

Pero no sólo es cuestión de tiempo, sino de tiempo trabajado, y no tanto por la extensión; como decía Cicely Saunders: «El tiempo es cuestión de profundidad».[77] La muerte requiere tiempo en una sociedad que va muy deprisa y a la que le cuesta tolerar las manifestaciones externas de sufrimiento.

Una anécdota: llaman a un psiquiatra de urgencia. Al preguntar este qué pasa, un chico responde que está preocupado, pues desde hace días su madre no deja de llorar. Cuando el psiquiatra le pregunta si le ha pasado algo recientemente, el chico contesta que su padre había muerto hacía una semana. El médico sólo le responde: «Llámame si tu madre no llora».

No todos lloran durante el proceso de duelo, pero ¿cuánto tiempo somos capaces de mantener las manifestaciones de duelo? Sin cortarlo, sin evitarlo, sin decir tonterías o frases hechas... Una interesante pregunta asociada a este tema es si nuestra sociedad es capaz de sostener un periodo de dolor y sufrimiento largo. Quizá tenemos prisa para que todo vuelva a ser como antes...

El tiempo es fundamental, pero trabajado. En las épocas de rituales, cada cultura o sociedad establecía diferentes espacios de tiempo para configurar el luto. Físicamente, se mostraba de formas muy distintas, desde prendas de ropa o actividades a las que se consideraba adecuado acudir. Como dijimos, la nuestra es una de las sociedades que más ha «desculturizado» el duelo y sus rituales.

El luto como símbolo exterior de pena y duelo tenía la

77. Heath, I., *Ayudar a morir*, Katz, Buenos Aires, 2008.

función de ayudar durante esta etapa de tránsito personal, familiar o social por la muerte de una persona. Se mostraba en forma de ropa, adornos y otros objetos. La expresión cultural del duelo podía ayudar a canalizar esas emociones y conductas, con tiempos bien establecidos: por la muerte del marido, de la esposa, de un hijo, de los padres, de familiares lejanos... Cada luto tenía su tiempo y sus rituales. Incluso se añadía otro periodo de transición con el llamado «medio luto», momento en que cambiaban las exigencias de la vestimenta y las de la actividad social.

¿El luto servía como alivio del duelo? En parte sí y en parte no.

Por un lado, cumplía algunas funciones muy claras y necesarias, como establecer los rituales de despedida: velatorio, funeral, cementerio... Por otro, proporcionaba una estructura que facilitaba la expresión emocional. Por último, tenía una función social, pues marcaba el periodo de transición.

¿Qué es un rito? Recordemos al Principito de Saint-Exupéry: «Es algo también demasiado olvidado —dijo el Zorro—. Es lo que hace que un día sea diferente de los otros días, una hora de las otras horas».

El rito ensamblaba el tiempo, y en el duelo proporcionaba un marco tanto para la despedida como para el periodo de transición. Por el contrario, la rigidez del luto no necesariamente daba respuesta a las necesidades de las personas en duelo. Como comentábamos, tanto la expresión del duelo como sus manifestaciones son muy propias de cada persona, y encauzar de forma fija las respuestas emocionales es complejo.

Además de tiempo y rituales, el duelo requiere procesos. La palabra *proceso* es, en cierta manera, una palabra dinámica y activa que implica entender el duelo no sólo como lo que sucede, sino que guarda relación con la respuesta que se da a aquello que a uno le pasa. Quizá por ello una de las aproximaciones que más me gustan en el acompañamiento al duelo —ni la única ni la mejor— sea la de William Worden, psicólogo experto en duelo.[78]

Entender el duelo como herida es una metáfora que utilizó Engel, psiquiatra precursor del modelo biopsicosocial, al comparar el proceso de pérdida a cuando el cuerpo es herido o quemado. Comentaba:

> ¿No es el dolor simplemente una reacción natural a una experiencia de vida? ¿Cómo se puede poner en la misma categoría que los estados patológicos que llamamos enfermedad? A esto respondemos que es «natural» o «normal» en el mismo sentido en que una herida o una quemadura son las respuestas naturales o normales a un trauma. La designación *patológico* se refiere al estado cambiado y no al hecho de la respuesta. Que uno responda a la radiación térmica con una quemadura es natural o normal. La quemadura en sí misma constituye un estado patológico, y el concepto se aplica tan apropiadamente al estado de duelo como a una herida, quemadura o infección. O puede decirse: «Todo el mundo experimenta el dolor: es parte de la vida».[79]

Engel, quien también nos brindó la descripción del paradigma biopsicosocial en medicina, compara el proceso de duelo al de curación. Algunas personas reparan la herida de forma casi espontánea, otras tardan en curar; a algunas les quedará una cicatriz y otras cierran la herida en falso.

Las tareas —el «trabajo del duelo» o «el tiempo trabajado»— serían los cuidados básicos para una herida. Según

78. Worden, J. W., *El tratamiento del duelo: asesoramiento psicológico y terapia*, Paidós, Barcelona, 2013.

79. Engel, G. L., «Is Grief a Disease?», National Library of Medicine, vol. 23, 1961, pp. 18-22.

Worden son: aceptar la realidad de la pérdida, trabajar las emociones y el dolor que provoca, adaptarse a un medio en el que la persona fallecida está ausente, y recolocar emocionalmente a la persona fallecida y seguir viviendo.

1. Aceptar la realidad de la pérdida.

Parece sencillo, pero no lo es. La primera tarea del duelo es afrontar que la persona querida ha fallecido y que no volverá. Son muchas las pequeñas pérdidas que hay que ir asumiendo. La ausencia de una persona aparece en miles de fragmentos tanto del día a día como durante el transcurso del año y sus celebraciones.

Una mujer que pierde a su pareja acumula muchas pérdidas secundarias: capacidad parental y sistema de apoyo, un confidente, un amigo, identidad, intimidad, a veces el grupo de amigos, seguridad financiera o estatus, planes de futuro y proyectos, a la persona que cambiaba los focos y reparaba el lavadero, la fe y la confianza en la vida... Son muchas las pérdidas que hay que asumir, y no durante un momento, sino que se alarga en el tiempo. Para esta tarea es fundamental contar con la despedida y los rituales. Decir adiós no es sólo un momento personal, sino social, por lo que hay que disponer de un ritual simbólico.

Muchas veces, las personas en duelo repiten la misma historia sobre la enfermedad, el accidente, el entierro o un momento significativo. Este ejercicio puede ayudar, y mucho, a la persona en duelo a aceptar la realidad. Pero esa parte de la tarea necesita un interlocutor, alguien que escuche.

2. Trabajar las emociones y el dolor de la pérdida.

El duelo no es un trastorno, pero conlleva una elevada carga de dolor con emociones intensas mezcladas. Muchas veces damos respuesta al dolor en forma de frases hechas. Tendemos a responder al sufrimiento ajeno con muletillas. Siguen oyéndose frases como: «Tranquila, eres joven, pronto encontrarás pareja», «podrán tener más hijos» o «por suerte, Dios se la ha llevado, qué descanso. Todos estarán más tranquilos». Estas y otras expresiones similares no sólo no consuelan, sino que pueden aumentar el sufrimiento. En el duelo no hay pautas fijas ni normas estrictas, y no todo funciona para todo el mundo, pero es importante conocerse para saber qué puede ayudar.

Una gran ayuda, por ejemplo, es llorar. El llanto es el lenguaje de lo que no tiene palabras, que desborda. Otra es hablar de ello, poner palabras al dolor. Hoy reconocemos el enorme valor curativo de la palabra. William Shakespeare lo describía de este modo:

> Dad palabra al dolor:
> el dolor que no habla,
> gime en el corazón
> hasta que lo rompe.[80]

El lenguaje, las palabras, ayudan no sólo a expresar los pensamientos y las emociones, sino también a ordenarlos. Lenguaje y pensamiento guardan una relación directa y bidireccional: las ideas se traducen en palabras, pero, a medida que uno va comunicando, ordenan los pensamientos.

Sin embargo, ese dar palabras requiere de nuevo de un interlocutor, alguien con quien compartir el dolor. En *El arte de saber escuchar*, Francesc Torralba comentaba: «La comunicación interpersonal es un factor clave de cara a asumir y superar el sufrimiento. El dolor tiene necesidad de ser escuchado... Escuchar significa mucho más que sentir. Sig-

80. Shakespeare, W., *Macbeth,* acto iv, escena iii, Hansben, 2011.

nifica querer comprender y tener en cuenta que hay un mundo más grande detrás de las palabras».[81] El dolor tiene necesidad no sólo de ser escuchado, sino también de ser acogido y acompañado en su mundo de significados.

Ayudará también, y mucho, establecer rutinas ante el caos, es decir, mantener horarios concretos y hábitos de comidas o de sueño, cuidar de cosas tan simples como la alimentación o practicar algo de ejercicio cada día. El contacto con la naturaleza puede ayudar, por eso se recomienda caminar o contemplar. Igual que el lenguaje guarda una relación directa con el pensamiento, caminar ayuda a pensar y ordenar las ideas.

Encontrar a personas o grupos que te entiendan y acompañen es fundamental, de ahí el gran valor de los grupos de duelo. En 1929, Helen Keller escribió un fantástico librito de reflexiones sobre el duelo, *We Bereaved*, que inicia así:

> Las personas en duelo no estamos solas. Pertenecemos a la empresa más grande de todo el mundo, la de quienes han conocido el sufrimiento. Cuando parezca que nuestro dolor es demasiado grande para soportarlo, pensemos en la gran familia de personas con el corazón roto a la que nuestro duelo nos ha dado entrada e, inevitablemente, sentiremos sus brazos, su simpatía, su comprensión.[82]

Keller ha sido descrita como una de las grandes activistas norteamericanas. Fue una niña muy precoz que a los diecinueve meses contrajo una grave enfermedad y quedó sorda y ciega, sin capacidad para comunicarse, hasta que una maestra llamada Anne Sullivan la ayudó a recuperar su capacidad de comunicación, y a superar el dolor y la frustra-

81. Torralba, F., *El arte de saber escuchar*, Milenio, Lérida, 2009.
82. Keller, H., *We Bereaved*, Leslie Fulenwider, Abilene, 1929.

ción. Helen llegó a ser la primera persona sorda en graduarse en la universidad, y se convirtió en una conocida activista. Muchos conocemos esta historia por la película *Ana de los milagros*. Después escribió el libro mencionado sobre sus reflexiones sobre el duelo.

La expresión del dolor no siempre es hablada, sino que se representa de muchas formas artísticas: puede escribirse, pintarse, cantarse... ¿Recuerdan el *Tears in Heaven* de Eric Clapton?

3. Adaptarse a un medio en el que la persona fallecida está ausente.

Este darse cuenta de las ausencias implica una importante readaptación en la vida cotidiana. La persona no sólo pierde a un ser querido, sino también una estructura familiar y social determinada que debe reconfigurarse después de la pérdida.

Hay que asumir nuevos roles, desarrollar habilidades, establecer nuevas formas de relacionarse y comunicar dentro de las familias. Todos están de duelo, tienen diferentes heridas, y cuando uno está herido es más fácil hacerse daño al relacionarse con otros.

Igual que dentro de una familia el dolor puede expresarse de forma muy distinta, cada uno deberá asumir nuevas funciones para adaptarse a una nueva realidad y a un mundo nuevo.

4. Recolocar emocionalmente a la persona fallecida y seguir viviendo.

Mientras que las tres primeras tareas pueden hacerse a la vez y sin un orden determinado, esta sería la final. No podrá recolocarse a la persona querida si no se ha expresado el dolor y si el que ha sufrido la pérdida no se ha adaptado a una nueva vida.

Esta sería la tarea vinculada al «Te llevo en el corazón», entender que cualquiera que ha formado parte de la vida de uno seguirá allí para siempre. Y ello implica recontactar de nuevo con la vida, volver a querer, comprometerse, ilusionarse. A veces la persona intenta desvincularse como un mecanismo de defensa para no volver a sufrir, es decir, «para que nada nos separe, que nada nos una». En palabras de Helen Keller:

> Lo que una vez disfrutamos, nunca lo podremos perder. Una puesta de sol, una montaña bañada por la luz de la luna, el océano en calma y tormenta: los vemos, amamos su belleza, mantenemos la visión en nuestros corazones. Todo lo que amamos profundamente se convierte en parte de nosotros.[83]

El duelo es un camino de dolor que es necesario cruzar sin quedarse en él. Es un aprendizaje con muchos atajos que pueden llevar a callejones sin salida, pero también un camino de reconstrucción y transformación.

83. Keller, H., *Ibídem.*

8

Acompañar el duelo de los niños

> Sólo el niño que ha sido entendido y querido será capaz de dar comprensión y estima en el momento actual y a lo largo de su vida.
>
> E. A. Grollman, «Explaining Death to Children and to Ourselves»[84]
>
> *Tears in Heaven*, Eric Clapton

Llegamos a un capítulo difícil, o más aún que los anteriores, pues en él aunamos dos palabras que parecen antagónicas en nuestra cultura. Al oírlas en una misma frase, contenemos la respiración: *muerte* y *niños*.

En una sociedad marcada por el tabú de la muerte, los niños y los jóvenes serán los más abandonados a la ignorancia y al desconocimiento, a la soledad y a los miedos, pues en el mundo de la infancia los tabúes crean raíces, y a veces se convierten en monstruos.

84. Grollman, E. A., «Explaining Death to Children and to Ourselves», *Children and Death*, Taylor & Francis, Londres, 2013, pp. 27-32.

Si a menudo con los adultos funcionamos a base de frases prefabricadas con los niños las utilizamos más, y entre ellas «los niños no entienden», «los niños sufren menos el duelo que los adultos» o «los niños tienen mayor capacidad de adaptarse a todo».

Por ello, creo que es importante empezar grabando en la memoria esta sentencia: «La muerte de una persona significativa en la vida de un niño es uno de los acontecimientos más estresantes que puede experimentar». Así se inicia un artículo sobre el duelo en la revista *Pediatrics* de la Asociación Americana de Pediatría.[85]

La muerte de una persona importante en la vida de un niño es uno de los peores episodios que puede experimentar en su vida, y tiene un impacto no sólo en el momento en que se produce sino de forma duradera. Un niño, cuando muere uno de sus progenitores o un hermano, no sólo pierde a una persona importante para él, sino también un sistema familiar de soporte determinado. El duelo o la enfermedad grave, propia o familiar, están ligados al estrés crónico infantil, y producen un elevado impacto en su desarrollo, físico y mental, tanto en el momento en que se produce como a lo largo del tiempo.

En el capítulo del duelo hablábamos de la relación entre este y el vínculo, el costo del amor. Para los niños, los vínculos son las columnas que sostienen un edificio en construcción, dan forma al desarrollo y soportan la estructura.

El crecimiento como personas es un proceso no necesariamente garantizado por nuestra herencia genética, sino que en gran parte depende de la interacción y el ambiente de un determinado tipo de interacción que pueda proveer so-

85. «American Academy of Pediatrics. The Pediatrician and Childhood Bereavement», National Library of Medicine, n.º 105 (2), 2000, pp. 445-447.

porte, amor y límites. En el mundo animal se requieren muy pocas interacciones y tiempos cortos para desarrollar las capacidades de forma genética. Los humanos requerimos un largo periodo de tiempo, con un entorno adecuado, protector y amoroso, para desarrollar la potencialidad genética.

La muerte de una persona querida y significativa para un niño es como un terremoto: se desploman columnas y caen tabiques. Muchas veces la fachada se mantiene y ofrece una imagen de falsa seguridad. Se convierten entonces en edificios medio en ruinas con fachadas íntegras. Ésa es la imagen de un niño en duelo.

El tabú de la muerte, la ausencia de conversaciones sobre el tema en la vida cotidiana o la enfermedad grave de un familiar, su desaparición en los rituales de despedida y velatorios o la falta de preparación pueden provocar que los niños vivan con mayor estrés y caos la muerte de una persona querida.

Debemos diferenciar la pedagogía de la muerte y la del duelo: la primera es cuando hablamos con los niños de la muerte, de qué creemos que es, de lo que implica; la segunda, la pedagogía del duelo, se centra en cómo entender y acompañar a un niño en duelo.

Siempre que sobreprotegemos a un niño lo dejamos desprotegido para afrontar la vida. Lo hacemos para evitar que sufra, para ahorrarle la «parte oscura» de la realidad, pero nos olvidamos de que es nuclear y que se asocia al concepto de vida. El niño que conviva con la verdad será capaz de afrontar la vida: lo protegemos cuando hablamos sobre el tema, pues le ofrecemos herramientas para construir su futuro, no cuando lo evitamos. Sobreproteger es desproteger.

Como comenta Grollman, rabino y experto en duelo, sólo el niño que ha sido entendido y querido podrá afrontar la realidad, sólo el que ha sido escuchado, comprendido, le hayan dado permiso para hablar, para preguntar, y todo ello en un contexto de seguridad y amor, podrá ser capaz de afrontarla, por dura que sea.[86] Tener un concepto de muerte elaborado le ayudará a tener un espacio mental donde situar la experiencia en caso de sufrir una pérdida cercana. No evitará el dolor, pero sí la desorientación, el caos y parte de la incertidumbre. Siempre es peor aquello que uno imagina que la realidad más dura.

Por ello, el primer paso para un niño de cualquier edad es saber enfrentarse a esas conversaciones difíciles, y estar preparados para reconocer cómo vive su duelo y saber acompañarlo.

Hablar de la muerte a los niños: las edades de la muerte

Una de las preguntas que suelen hacerme es: «¿A partir de qué momento podemos hablar a los niños de la muerte?». Acostumbro a responder con otra pregunta: «¿A partir de qué edad hablamos con los niños?».

La muerte forma parte de la vida, y no hay un punto determinado a partir del cual empezar a hablar. Desde la primera infancia hay realidades en las que aparece la muerte: un pájaro que encontramos jugando en el parque, una planta que se seca en el balcón o una mascota que fallece. La muerte es algo muy cercano, está presente en la realidad, en los medios de comunicación, en la televisión, en cuentos y juegos... Grandes películas de Disney abordan el tema de la muerte de un progenitor, como *El rey león* o *Bambi*.

Pero eludimos la muerte como tema cotidiano vinculado con la vida, o en las conversaciones diarias, por miedo a hablar de ello, porque creemos que es un tema demasiado duro

86. Grollman, E. A., *op. cit.*

para los niños, por desconocimiento o por no saber cómo hacerlo. No hay un momento para empezar a hablar de la muerte, forma parte de la realidad.

Como en otros ámbitos de la vida, es imprescindible saber qué pueden entender los niños sobre la muerte según su edad o nivel de desarrollo. A menudo, algunos padres comentan: «A nuestros hijos de cuatro y cinco años ya les hemos contado todo sobre la muerte». Cuando les pregunto qué les han explicado, me sueltan una narración filosófica-existencial que incluso a mí me cuesta entender.

A veces lo comparo con las matemáticas: empezamos por conceptos sencillos y operaciones concretas, con ejemplos relacionados con la realidad, hasta llegar a las ecuaciones de tercer grado, las integrales o las derivadas. Tanto en las matemáticas como en la vida, los conceptos abstractos requerirán un desarrollo cognitivo básico: empezar con conceptos sencillos, de forma constructiva, e ir incrementando la dificultad, además de tener un nivel de desarrollo cognitivo adecuado para entenderlos.

Con la muerte sucedería algo similar: es necesario ir «construyendo el concepto» acorde a la edad y al nivel de desarrollo del niño. Por eso, hay que conocer las etapas del desarrollo del concepto de muerte en el infante para adaptarse a él, entendiendo que son sólo orientativas y que cada uno tiene su proceso. Lo que más nos ayudará a adecuarnos a sus necesidades es saber escucharlo y entender qué es exactamente lo que quiere conocer, por qué y cómo lo entiende.

Existen una serie de subconceptos cognitivos necesarios para llegar a entender la muerte:

- La no funcionalidad: las funciones corporales se detienen.
- La irreversibilidad y la permanencia: lo que sucede no se puede modificar, es para siempre.

- La universalidad: la muerte llega a todos.
- La inevitabilidad: que también le pasará a él.

Estos subconceptos difícilmente aparecen antes de los ocho o nueve años. ¿Ello implica que, antes de esta edad, no pueden entender la muerte? No, sólo quiere decir que, por debajo de esa edad, les costará mucho comprender el «para siempre» y quizá, meses después de la muerte de su padre, pregunte cada dos por tres cuándo volverá.

En las primeras etapas, entre los dos y los cinco años, entenderán la muerte como algo concreto, reversible y opcional. Es una etapa de fantasía en la que a veces se confunde ese mundo mágico con la realidad. Evita las metáforas, pues acostumbran a interpretarse de forma concreta y literal. Si el abuelo se ha ido al cielo, pensará en el cielo que vemos, o si mamá es una estrella, será una estrella concreta.

Las preguntas a esta edad son muy específicas y repetitivas, y a menudo esperan la misma respuesta, como cuando piden hasta el cansancio una película o un cuento repitiendo las mismas palabras.

A pesar de que la muerte sea un concepto complejo desde el punto de vista cognitivo, desde pequeño el niño es capaz de entender que es un hecho de alto impacto emocional, tanto si está relacionado con una pérdida cercana como si lo hablamos desde la respuesta más teórica. A esta edad hay una habilidad infinita para captar las emociones, y debemos ser conscientes de que transmitimos no sólo con las palabras, sino también con nuestra actitud.

Los cuentos y las historias pueden ayudar a entender lo incomprensible y a construir la realidad.

Un día vino a la consulta un niño de cinco años cuyo padre había fallecido el año anterior. Una vez allí, me explicó que en clase estaban estudiando los planetas y el universo, y que un amigo le había dicho que quizá podrían subirse a un cohete e ir a buscar a su padre al cielo (era el concepto que la familia había utilizado para explicárselo y lo habíamos trabajado).

El niño me preguntó: «¿A ti qué te parece?».

Acompañando a niños en duelo —subráyenlo en fosforescente—, aprendí a no precipitarme a la hora de contestar y, primero, devolver la pregunta: «¿Y tú qué le contestaste?».

El pequeño continuó:

> Le expliqué que el cielo es donde van las personas que mueren, y que está muy muy lejos, más lejos del cielo que vemos. Allí ya no hay oxígeno, pues las personas muertas no necesitan respirar, ni comida, pues no necesitan comer... Pero mi amigo siguió y dijo que podríamos subir en un cohete más grande, gigante, lleno de comida y oxígeno, para visitar a mi papá, darle un abrazo y volver. Pero él no sabe demasiado de eso, de los muertos, yo sí. Le tuve que explicar que en el cielo de los muertos sólo se puede entrar y no salir, y, aunque no hay ninguna puerta, sólo se puede llegar cuando a uno le llega su momento.

Cinco años. Seguramente no puede entender la irreversibilidad o la no funcionalidad, pero entendió que donde van las personas que mueren es más allá de nuestra realidad. Como comentaba una niña de seis años: «Hoy la seño nos explicó el origen del Universo, y yo le dije que las personas que mueren se van más allá del Big Bang».

Lo concreto dentro de lo abstracto.

Entre los cinco y los seis años, a veces más tarde, hay un salto de desarrollo. Si les damos la posibilidad de preguntar, veremos que su curiosidad por la muerte es enorme, y que eso aumenta su capacidad de comprensión.

Nota: Los niños aprenden muy pronto a callar las preguntas que saben que no serán respondidas o que recibirán evasivas vacías. Las preguntas por la muerte son una constante en ellos, pero si ven que incomodan a los adultos, se las guardan para ellos.

En esta etapa se inicia la comprensión del no retorno, la universalidad y la causalidad, ya que comienzan a entender la causa-efecto. Poco a poco comprenden el cambio de estado, no sólo de sitio, la irreversibilidad o algunas causas: cáncer, infección...

Empiezan a aparecer también los miedos, y estos son más concretos, como a la muerte de personas queridas —abuelos, padres...— y la temida escena del miedo a la propia muerte. En estos casos, es más difícil sostener las conversaciones, pero es importante hacerlo con veracidad: «Algún día moriré, todos morimos, pero pasará cuando yo sea muy muy muy viejita, y tú ya tengas tu vida, tu familia y amigos, quizá tus propios hijos o nietos...».

Y esta manera de pensar llega hasta la adolescencia, una etapa convulsa de cambios tanto físicos como emocionales en que se desarrolla el pensamiento cognitivo con la adquisición del pensamiento formal y social, marcada por la búsqueda de la propia identidad.

El adolescente piensa en la muerte, por supuesto, y mucho. Comienza a plantearse la muerte de forma abstracta, se cuestiona las explicaciones recibidas y esboza respuestas desde el ámbito existencial ligadas a esa exploración de su propia identidad. La música y las letras de canciones, las lecturas o la poesía son estrategias fantásticas para compartir a esta edad.

El adolescente necesita ser escuchado y entendido en sus reflexiones, dudas, cuestionamientos y groserías. Es una etapa demasiado satanizada —algunos la llaman la «aborrescencia»—, pero los adolescentes necesitan que estemos ahí sin miedo, a su lado, aunque a veces digan lo contrario.

Conocer la muerte no es sólo hablar sobre ella. Implica que nos hemos acercado a la muerte, que cuando fallece un familiar o un vecino acudimos al velatorio, a la morgue o al funeral y los niños o adolescentes nos acompañan, que compartimos cuestiones, preguntas, interrogantes y emociones.

Recuerdo un velorio de un familiar lejano al que acudimos cuando mi hija tenía unos cuatro años. Ya la habíamos llevado a otros, así que entró a ver el ataúd. A unas señoras que estaban por allí les preocupó que entrara una niña tan pequeña. Cuando salió, le preguntaron qué había visto. Mi hija, con tranquilidad, comentó: «Tiene color a muerto».

Un niño no se traumatiza por el contacto con la muerte, sino por el contacto traumático con ella, que no es lo mismo. Conseguir que la relación con la muerte sea cercana, familiar, hablada y compartida es la mejor forma de trabajarlo con los niños y evitar que la experiencia le provoque un *shock*.

Acercar la muerte a los niños implica hablar de ella de forma adecuada según su edad y capacidad, pero también es una forma de reculturizarla, de evitar el tabú.

El niño ante la propia muerte: el tabú de los tabúes

Si la muerte en general es un tabú, la muerte del niño y hablar del tema con él sería «el tabú de los tabúes». Son situaciones que impactan, que generan emociones que, tal como las llamaba Antonio Damasio, médico neurólogo, eran «esa línea musical continua de nuestra mente, un zumbido imparable» y que llegan a ser prácticamente audibles o incluso tangibles.

A veces, los padres o los profesionales intentan proteger a los niños ocultándoles información o el pronóstico, ya sea en parte o todo. No sólo hay miedo a hablar con ellos, sino que a menudo se le añade el temor a que puedan preguntar.

Sin embargo, la literatura nos enseña que los niños obtienen información de diversas fuentes y de distintas maneras. En 1978, la antropóloga Myra Bluebond-Langner publicó su trabajo de investigación «The Private Worlds of the Dying Children»,[87] realizado con cuarenta niños de tres a nueve años con leucemia. Hablando con ellos concluye que adquieren un conocimiento preciso de su enfermedad, del proceso de tratamiento y del pronóstico fatal, incluso aunque los adultos intenten protegerlos de la trágica verdad. Los niños moribundos no sólo reconocen la gravedad de su enfermedad, sino también la lucha para ocultar ese conocimiento por parte de sus padres y del personal médico, que piensa que lo mejor es esconder y negar.

En este trabajo, los niños consideraban que la información que les ofrecían voluntariamente los adultos era la menos fiable, y se contaban entre ellos hechos y chismes: el lavabo era un excelente lugar de encuentro. Además, aprendían el significado de las palabras *recaída* y *remisión*, y anticipaban los efectos secundarios de diferentes fármacos, con lo que empezaban a practicar ciertas estrategias de distanciamiento.

Bluebond-Langner concluía que a los niños se les puede decir la verdad, pero que deben aprender a discutirla de forma selectiva: «La respuesta está en idear una estrategia abierta a los niños que permita acceder a la información a los que puedan manejarla, y en la intensidad que puedan entender». Es muy importante saber que los niños respetarán las reglas que se establezcan, lo que implica que el contexto que se les ofrezca será decisivo para determinar qué pueden o van a preguntar. Si se evita hablar de ello, si se responde con evasivas o con información falsa, o el niño perci-

87. Bluebond-Langner, M., «The Private Worlds of the Dying Children», Princeton University Press, Nueva Jersey, 1980.

be que eso genera mucho dolor —por ejemplo en sus padres—, difícilmente preguntará.

En la serie *New Amsterdam* hay una preciosa escena en que una oncóloga explica la muerte a una niña. Previamente la doctora había informado a los padres y les había comentado que ellos hablaran con su hija, pero cuando regresan desesperados porque su hija pregunta, la oncóloga afronta la situación. Explica tranquilamente a la niña que morir es ir a otro lugar, a un sitio donde sus padres ya no pueden acompañarla, pero que sin embargo siempre estarán pensando en ella... La escena finaliza con la doctora subiendo a la azotea y buscando un sitio tranquilo para recuperarse. Dar espacio, abrir puertas a las preguntas y sobre todo al acompañamiento. Algunas preguntas no requieren respuesta, sino acompañamiento. Pero si no afloran, no podrán ser acompañadas. Por eso es imprescindible generar contextos que faciliten la comunicación para que los niños con enfermedades graves o terminales puedan expresar sus dudas, miedos, expectativas... Si puede hablarse de la muerte, se podrá responder a las necesidades del niño.

El duelo del niño

La historia interminable es un libro con el que muchos hemos disfrutado largas tardes, pero pocos recordamos que su tema es el duelo.

La madre de Bastián Baltasar Bux había fallecido poco antes del inicio de la historia. Es curioso que al comentar el libro a menudo se recuerde con facilidad que Bastián sufría *bullying* en la escuela, pero cuando ponemos el punto de mira en la muerte de su madre, parece que no nos acordamos. Lo explica así:

> En sus recuerdos, volvió a ver de repente el largo pasillo de la clínica en la que la madre había sido operada. Él y su padre habían esperado muchas horas sentados frente a la sala de operaciones. Muchos médicos y enfermeras corrían de un lado para otro... Al final vino un hombre calvo, con una bata blanca, que parecía cansado y triste. Les dijo que todos los esfuerzos habían sido inútiles y que lo sentía mucho. Les estrechó las manos a los dos y susurró: «Mi sincero pésame». Después todo fue diferente entre papá y Bastián.
>
> No exteriormente. Bastián tenía todo lo que le apetecía. Tenía una bicicleta de tres marchas, un tren eléctrico, muchas píldoras vitamínicas, cincuenta y tres libros, un hámster, un acuario con peces tropicales, una máquina de hacer fotos pequeñas, seis navajas de marca y todo lo imaginable. Pero en el fondo le daba igual.
>
> Bastián recordaba que, antes, a su padre le apetecía jugar con él. Algunas veces incluso le había contado o leído cuentos. Pero desde ese día todo había terminado. Ya no podía hablar con su padre. Lo veía como amurallado en una pared invisible que nadie podía atravesar. Nunca le regañaba ni le alababa. Cuando Bastián tuvo que repetir curso, el padre tampoco dijo nada. Sólo le miró de aquella forma ausente y preocupada, y Bastián tuvo la sensación de no estar allí en absoluto.
>
> [...] Bastián comprendió, pues, que su padre estaba triste. Por aquel entonces él también se había pasado muchas noches llorando; tanto lloraba que, a veces, los sollozos le daban ganas de vomitar... Pero eso se le había ido pasando poco a poco. Y, al fin y al cabo, todavía estaba allí. ¿Por qué su padre nunca hablaba con él? ¿Por qué no hablaba de su madre, de cosas importantes y no sólo de lo imprescindible?

Siente incomprensión ante la enfermedad y la enorme soledad del duelo, pues no sólo se enfrenta a la pérdida de su madre sino a la de su padre y a la de su familia.

Si en este contexto podemos volver a pensar en la Nada, casi seguro que esa Nada —que lo invade y engulle todo— adquiere una dimensión especial. El Pantano de la Tristeza, la vieja Morla que enseña que hay que luchar contra la tristeza para que no te engulla, el guerrero Atreyu que tampoco sabe frenar a la Nada y lo persigue... el duelo, la Nada.

En el duelo infantil, una de las primeras dificultades es reconocer que el niño está pasando por ese proceso. Incluso sabiendo que ha fallecido la madre, un hermano, el padre..., a veces cuesta entender que lo que presenta el niño es un proceso de duelo.

La forma en que los niños manifiestan el duelo es más indirecta y variada que en los adultos: frecuentes enfados por tonterías que no guardan relación con la pérdida, miedos, dolor de estómago o de cabeza, o mala conducta en la escuela.

Tras una muerte, la reacción normal y prolongada suele ser la ausencia de reacción, pues parece lo normal. Ello se debe a que el niño puede presentar dificultades para identificar lo que le está pasando, no comprende su estado de ánimo ni sabe poner nombre a lo que siente. Otros niños aprenden a no mostrar sus emociones o reacciones cuando ven desbordados a sus padres o familiares. Además, con frecuencia, alternan periodos de absoluta normalidad con momentos de gran desesperanza que se reflejan de forma conductual.

Por eso cuesta identificar el proceso de duelo en los niños.

Al principio, los menores de cinco años no suelen mostrar reacción alguna, y pueden mantener la capacidad de jugar y reír incluso en momentos de mucha tristeza. Quizá muestren regresiones y pérdidas de capacidades ya adquiridas —hacerse pipí en la cama, chuparse de nuevo el pulgar...—. Casi siempre piden volver a dormir en la cama de los padres. Esto aparece en cualquier edad, incluso de adolescentes, y también hablamos poco de ello.

A esta edad pueden asustarles las reacciones de duelo o los rituales del entorno. Por eso es muy bueno ir explicándoles todo lo que van viviendo no sólo una vez, sino de forma repetida, como cuando piden que les lean mil veces un cuento o ver siempre la misma película.

También pueden aumentar los miedos, y a menudo están más irritables, con berrinches o se enojan por tonterías. A veces les cuesta mucho separarse del progenitor que sigue vivo y se pegan a él como una garrapata.

Por otra parte, pueden aparecer frases que muestren el deseo de «reemplazar»: preguntar a mamá por qué no busca otro papá u otro hermanito, para que vuelvan a ser una familia «normal». Difícilmente comprenderán la irreversibilidad o permanencia, y ello hará que durante meses sigan preguntando cuándo volverá la persona fallecida.

Entre los seis y los once años las manifestaciones son a veces más reconocibles, sobre todo la tristeza y el llanto, pero no siempre aparecen, o a veces los niños se esconden para llorar. Surgen también los miedos, los nervios y las preocupaciones excesivas ya no tan generales, sino ligadas a cuestiones concretas, como si puede pasarle algo malo al resto de la familia o que tengan miedo a morir. A veces pueden percibir la presencia de la persona que ha fallecido, y eso hace que el miedo sea mayor. Es bueno explicarles que es una reacción normal.

Es frecuente que aparezcan dificultades de comportamiento o mala conducta en la escuela, en casa o entre el grupo de amigos. Estos son los síntomas que cuestan más de identificar como manifestaciones de duelo. Estar triste se asocia con el duelo, pero portarse mal no.

A menudo, muestran sus nervios en forma de dolor de cabeza, de garganta o de estómago. Aparecen lo que llamamos *somatizaciones*. Quizá en la escuela tengan problemas para concentrarse y, a veces, el rendimiento escolar se verá afectado.

En cualquier caso, no hay que cargar al niño con responsabilidades como sustituir a la persona fallecida, mediante frases como las siguientes: «Ahora eres el hombre de la casa», «debes ayudar mucho a tu mamá»...

En cierta manera, entre los adolescentes el duelo es más similar al de los adultos. Presenta tristeza, rabia, culpa y miedos, pero les cuesta más expresarlos. Las emociones tormentosas propias de la adolescencia se mezclan con la tormenta del duelo.

¿Cómo ayudar a los niños en duelo?

Ésta es la gran pregunta: ¿quién y cómo debe ayudar a los niños durante el duelo? En una sociedad que evita hablar de la muerte con sus hijos, que los aleja de esa realidad y la convierte en un tema tabú, es muy fácil que se profesionalice la atención al duelo infantil más que encontrar una respuesta social que facilite el proceso. Por eso algunos autores alertan de que se está sustituyendo la «humanización» de la sociedad por la profesionalización.

El mejor acompañamiento al duelo de un niño es el de una sociedad que le ayude a vivir el proceso, el de una escuela preparada para reconocer las manifestaciones del duelo y que pueda acogerlas, el de unos padres que reciban el soporte adecuado y el de comunidades que sepan darle cabida.

Esto sería soñar, pero ¿qué sería de la vida sin sueños?

De momento, podemos ir pensando en modelos de atención al duelo infantil. Worden, del que hemos comentado sus tareas en el duelo, tiene también un libro sobre el duelo en los niños.[88] De un fragmento de este podríamos extraer tres niveles de intervención en el duelo infanto-juvenil:

1. Primer nivel. Niños con manifestaciones proporcionadas y familias con una buena gestión de los aspectos relacionados con el duelo, que sepan entenderlo y darle espacio y respuesta. En este caso, el pediatra o el tutor escolar podría realizar un acompañamiento en la distancia con pautas generales, o explicarle el proceso. La mayoría de los niños y de las familias en duelo estarán en este nivel.
2. Segundo nivel. Niños que expresan ciertas dificultades, familias con mecanismos de contención escasos o con pérdidas asociadas a una mayor dificultad: pérdida súbita de uno de los padres sin estar preparados, muerte de un hermano... En estos duelos, los profesionales deben estar atentos a la evolución del niño y canalizarlo a salud mental según su evolución. En esa bisagra entre lo normal y lo especializado, puede ayudar muchísimo el desarrollo de asociaciones con grupos de ayuda mutua para el duelo, pues crean una comunidad de soporte.
3. Tercer nivel. Niños de riesgo elevado o con una alta vulnerabilidad, ya sea por el tipo de pérdida —suicidio, homicidio, accidente traumático—, desestructura familiar o con trastornos mentales previos. En estos casos se recomendaría una intervención preventiva y precoz por parte de profesionales de la salud mental.

Más allá del modelo de atención, ¿qué necesitaría un niño en duelo? En general, requiere:

88. Worden, J. W., *Children and Grief: When a Parent Dies*, The Guilford Press, Nueva York, 1996.

- Estar informado de todo lo que sucede. Implica explicar, a un nivel comprensible, qué está pasando y qué va a suceder. La información que se dé debe ser clara y adecuada a su nivel de entendimiento, dejándole preguntar todo lo que necesite, sin mentir. Como hemos comentado, el duelo está vinculado al estrés, y todo lo que ayude a mitigar, entender, ordenar o planificar puede reducirlo.
- Sentirse incluido e implicado sin forzarlo. Ofrecer su presencia y participación en rituales de despedida (velatorio, funeral...) y en las decisiones que se vayan tomando en la familia. Recordemos la máxima de que, cuando intentamos sobreproteger a un niño, lo estamos desprotegiendo, a la que añadiríamos otra: «Muchas veces es peor lo que uno se imagina, que la realidad más dura».
- Ser escuchado con atención. El niño necesita de alguien a quien expresar sus dudas, preocupaciones, fantasías, temores... Como decía Emerson, «un amigo es alguien con el que puedes pensar en voz alta». Durante el duelo, pensar en voz alta es indispensable para elaborar y ordenar los pensamientos y las emociones.
- Ayudar a expresarse emocionalmente. Implica ayudar a identificar qué está pasando, facilitar que lo exprese y elaborar las emociones que lo superan, entendiendo siempre que el lenguaje del niño no siempre es verbal, y esa expresión o facilitación puede darse de muchas maneras: dibujos, juegos, relatos... Requiere la capacidad de hablar de sus miedos y ansiedades, pues necesitará saber que seguirá siendo cuidado y atendido.
- Continuar las rutinas, evitar cambios. A veces, tras una pérdida se cambia de casa, y ello supone adaptarse a una nueva escuela, nuevos amigos, nueva ciudad... En cierta manera, el niño que vive el duelo perdió esa

seguridad y confianza básicas en la vida, por lo que es imprescindible ayudarle a reestablecer la seguridad y la estabilidad. Recuerda: «Un niño no sólo pierde a una persona querida, pierde un sistema familiar concreto» que hay que reconstruir.

- Tener la oportunidad de recordar. Debemos cultivar el recuerdo hasta recolocar emocionalmente a la persona fallecida.

Como comenta Grollman en la cita que abre este capítulo, cada niño precisa ser comprendido, guiado e incondicionalmente amado para atravesar el difícil camino de reconstrucción de su edificio dañado de una forma estable, duradera y que permita el recuerdo de la persona perdida.

9

Profesionales preparados para acompañar a morir

> Debajo de todo esto corre también el deseo de olvido. Pese a las ingeniosas tensiones del calendario, los seguros de vida, los ritos de la fertilidad, el alto precio de la aversión de los ojos a la muerte, debajo de todo esto corre también el deseo de olvido.
>
> PHILIP LARKIN, «Deseos», *Poesía reunida*
>
> *Anthem*, LEONARD COHEN

El alto precio de la aversión a la muerte

Sintetizando, nuestra sociedad moderna —o posmoderna— occidental ha convertido la muerte en un tabú, han ido desapareciendo los rituales y símbolos para acompañar el final y el duelo, se ha perdido aquel saber que formaba parte del bagaje de toda persona en décadas pasadas y evitamos las conversaciones difíciles. Este alejamiento de la muerte de la sociedad provoca dolor y sufrimiento añadido, no sólo en el final de la vida sino también durante el duelo. Y nuestra medicina, potente y brillante, se ha sesgado peligrosamente hacia el curar, olvidando que un objetivo primordial es ofrecer una muerte en paz y paliar ese dolor y sufrimiento...

En este escenario, los profesionales de la salud, de la salud pública o sociales son fundamentales para acompañar a las personas y familias en el tránsito. En teoría, son profesionales, es decir, están preparados y formados para ello, y en muchas situaciones estarán en contacto directo con personas al final de la vida, durante sus últimos momentos, y con las familias durante los últimos días y el proceso de duelo.

En la década de 1970, el escritor y pintor británico John Berger acompañó al doctor Sassall en su quehacer diario. A través de diferentes historias vividas por este médico de pueblo con sus pacientes, va desgranando auténticas perlas sobre el vivir, el enfermar, el morir y el trabajo del médico.[89]

En uno de sus fragmentos, comenta:

> A veces sucede algo similar con la muerte. El médico está familiarizado con ella. Cuando vamos o llamamos a un médico le pedimos que nos cure y que alivie nuestro sufrimiento, pero si no nos puede curar también le pedimos que sea testigo de nuestra muerte. Su valor como testigo es que ya ha visto morir a muchos otros. Este mismo valor es el que tenía antaño el sacerdote, más que el hecho de que dispensara la extremaunción o rezara por nosotros. El médico se convierte en el intermediario vivo entre nosotros y los innumerables muertos. Está con nosotros y estuvo con ellos. Y el consuelo, real por difícil que sea, que nos ofrece a través de él es también el de la fraternidad.

No sólo el médico puede ayudar a las personas en su tránsito, sino también los profesionales, los de la salud y los

89. Berger, J., *Un hombre afortunado*, Alfaguara, Madrid, 2017.

del sector público, como familiares de la muerte, por su conocimiento, por su cercanía.

Alguna vez discutimos este texto con estudiantes de Medicina, y no acostumbra a gustarles. ¿Ser testigo de la muerte? Cuando uno decide estudiar Medicina para «salvar vidas», ¿cómo va a aceptar convertirse en algo que podría parecer tan inútil o pasivo como ser sólo un testigo?

Sin embargo, el texto subraya el enorme valor de ese testigo callado y pasivo que con su presencia aporta confort y tranquilidad.

A veces lo comparo con un vuelo en avión: cuando empiezan las turbulencias, con enormes sacudidas o crujidos al sobrevolar una tempestad, ¿qué es lo primero que hacemos? Con frecuencia, mirar a los asistentes de vuelo para observar su reacción o qué cara ponen... Normalmente, transmiten calma en estas situaciones. Al mirarlos, sin que hagan nada, sabemos que todo va bien. Tienen más experiencia que en vuelo, su oficio es volar, han transitado muchas veces esas turbulencias y son los que, con su presencia, nos tranquilizan.

El médico o el profesional puede tener esa función porque conoce el camino y sabe qué es transitar. En una sociedad que ha olvidado el morir, el hecho de que un profesional nos guíe nos tranquiliza porque nos indica que todo va como tiene que ir, nos ayuda a «traducir» lo que está pasando en la persona o en la familia. En resumen, esta ayuda a la hora de transitar es el gran valor de los profesionales preparados.

Pero, en nuestra sociedad, ¿el médico o el profesional está preparado para ser testigo?

No. La respuesta está clara, o al menos no garantizamos que todos lo estén.

En mi caso, durante mi etapa de formación como médico, nadie me habló de la muerte, ni tampoco al hacer la residencia como especialista en pediatría. Ni una referencia. Atul Gawande, médico cirujano, comentaba que él había recibido un solo seminario sobre la muerte,[90] basado en el texto de *La muerte de Iván Ilich*.[91] Nosotros ni eso, ni una referencia, seminario, taller... Tampoco nadie nos habló del impacto de las emociones, de cómo comunicar malas noticias, de cómo gestionar las emociones que genera el ver las primeras muertes...

Es verdad que la formación de los médicos y de otros profesionales ha cambiado en unas décadas, y se han sucedido un par de planes de estudio, pero la formación específica sobre la muerte, el morir, el duelo y su impacto en las personas que atendemos o en nosotros mismos sigue siendo marginal.

Sin una formación regulada, los profesionales tenemos el mismo bagaje, o ausencia de este, que el resto de la sociedad. Formamos parte de la misma sociedad, fuimos educados en ella, bebemos y vivimos las mismas experiencias, o la ausencia de ellas, que las personas que atienden. Los profesionales de la salud formamos parte de ese tabú de la muerte.

En la interesante tesis doctoral titulada «Miedo a la muerte de estudiantes de Medicina»[92] realizada por Anna M. Agustí, compañera en el camino del duelo, se constata que el miedo a la muerte en estudiantes de Medicina es elevado, y se produce un incremento de este miedo mientras avanzan en los estudios. Estos datos se siguen manteniendo en estudios posteriores.

Un hecho curioso es que un elevado porcentaje de estudiantes de Medicina —casi un 40 por ciento—, al iniciar sus

90. Gawande, A., *Ser mortal: la medicina y lo que importa al final*, Galaxia Gutenberg, Barcelona, 2015.

91. Tolstói, L., *op. cit.*

92. Agustí, A. M., Esquerda, M., Amorós, E., Kiskerri, A., Nabal, M., y Viñas, J., «Miedo a la muerte en estudiantes de Medicina», *Medicina Paliativa*, n.º 25 (4), 2018, pp. 230-235.

estudios nunca había visto a una persona muerta, y, al terminar su formación, un 25 por ciento no había acompañado a nadie durante el proceso de morir. No sabemos si la pandemia por la COVID-19 ha cambiado esta tendencia, pero es importante subrayar que los estudiantes de Medicina pertenecen a esta sociedad que tiene como tabú la muerte.

Gran parte de ellos entran a la facultad a los dieciocho años y jamás han tenido un contacto cara a cara con la muerte. Por tanto, pueden finalizar sus estudios y convertirse en médicos sin haber presenciado el proceso de fallecer. Es decir, algo que en generaciones anteriores era un conocimiento de toda la población —incluso cualquier niño sabía cómo moría una persona—, en la actualidad no se garantiza en las facultades de Medicina.

La mayoría de los profesionales de la salud estarán en contacto con la muerte, no sólo con la prevista y tranquila, sino con accidentes, muertes traumáticas, procesos de duelo complicados, situaciones con un elevado impacto emocional... Como comenta el profesor Diego Gracia:

> Las profesiones sanitarias están en contacto con la parte más problemática del ser humano: el fracaso, el dolor, la enfermedad, la finitud, la muerte. Nadie puede ayudar a otro en un conflicto que él no tenga previamente resuelto. Manejar estas dimensiones sin desgaste exige no sólo formación técnica, sino también madurez humana.

Acompañar a bien morir requiere no sólo formación técnica, que es también necesaria, sino profesionales preparados para hacerlo en una sociedad que ha «desculturizado» todo lo relacionado con la muerte. Esta tarea de testigo silencioso y tranquilo no se realiza de forma espontánea, sino que son necesarias «muchas horas de vuelo» y una preparación específica. Lidiar con situaciones de elevados padecimientos requiere profesionales que hayan desarrollado competencias emocionales, relacionales y éticas de forma explícita, regulada y específica.

¿Formación para acompañar a morir?

¿Puede alguien prepararse para acompañar a alguien a morir? Es una interesante pregunta. Si respondemos que sí, la siguiente está clara: ¿cómo se hace?

Seamus O'Mahony, en su libro *The Way We Die Now*,[93] analiza cómo han muerto algunos filósofos. De hecho, si «filosofar es sólo aprender a morir», como comentaba Cicerón, es interesante valorar cómo han muerto, y hay para todos los gustos y colores. Algunos filósofos murieron en paz, otros con honor, con terror, de manera resignada, con confianza, con dolor y sufrimiento... Es probable que los filósofos no se diferencien del resto de los humanos en el morir.

Se pregunta después cómo mueren los médicos,[94] y aunque el contacto con la muerte no implica que estos reflexionen más en la muerte que los filósofos, hay una diferencia fundamental en el momento de morir: en general los médicos prefieren muertes con menor carga de tratamientos.

Pero sí creo que puede haber una preparación no sólo para la propia muerte, sino para acompañar a buen morir.

Quizá un primer paso para la preparación sea la aceptación, reconocer que la muerte existe. Negarla o intentar «combatirla a toda costa» tiene un alto precio no sólo para los pacientes y sus familias sino para los profesionales: el alto precio de la aversión a la muerte.

93. O'Mahony, S., *op. cit.*

94. O'Mahony, O., «Do Doctors Die Better Than Philosophers?», *The Lancet*, n.° 391 (10129), Londres, 2018, pp. 1474-1475.

«Los pacientes se nos mueren.» Aunque haya muerto de muerte natural y esperable, se nos mueren. Este uso como verbo reflexivo implica causalidad, y en el fondo muchas veces los profesionales de la salud lo viven así. Si el paciente murió, fue por su culpa, porque no hizo todo lo posible. También esa ilusión tecnocientífica impregna muchas veces a los profesionales y hace que su vivencia de la muerte esté relacionada con un fracaso, personal o de la ciencia.

Hay muertes que son fracasos, muertes prematuras, evitables. Gran parte del mundo actual sigue teniendo gran cantidad de muertes que podrían prevenirse con remedios muy sencillos, como hidratación para la diarrea, antibióticos o antimaláricos, o un mejor acceso al agua potable o una alimentación adecuada.

Pero, como todos vamos a morir, incorporar la buena muerte como objetivo primordial puede acercarnos a ella sin sensación de fracaso. Y esas son competencias necesarias para cualquier profesional de la salud o de la salud pública, no sólo para los profesionales de cuidados paliativos. Comentábamos que el abordaje paliativo debe impregnar toda la asistencia y atención a las personas, y ello incluye el saber parar y aceptar.

Sería un segundo paso relacionado con el anterior, un poco de humildad y ceder el control. Como comentaba Callahan:

> Nuestras necesidades a finales de la vida son sociales y existenciales, no médicas. Lo que puede hacer la medicina es muy limitado y debería estar explícitamente definido. La medicina, y nuestra cultura, serían más saludables si se dejara de esperar que la atención sanitaria resolviera todos los problemas existenciales y espirituales, si se dejara de creer que los cuerpos son como máquinas, y si se renunciase a las fantasías de control y de inmortalidad que aún tenemos.[95]

95. Callahan, D., *op. cit.*

Habrá la necesidad de atender, pero gran parte no se controlará con medicina, sino desde la psicología o la asistencia religiosa o espiritual, o desde el soporte de la familia y el grupo de amigos. ¡Son factores muy importantes para mucha gente al final de la vida!

Priorizar un tratamiento, a veces con muchos efectos secundarios, puede dificultar el abordaje de esas necesidades sociales, familiares o espirituales. Al realizar análisis o pruebas complejas que ya no aportan nada a una persona, dificultamos su final de la vida. Junto a esa aceptación del final, debemos aceptar la limitación de la medicina y olvidar la necesidad de controlar hasta el último momento.

Tenemos que renunciar al imperativo y a la ilusión tecnológica, con sus fantasías de inmortalidad y control, así como aceptar la inevitabilidad de la muerte como piezas clave para una buena muerte.

El enorme desarrollo actual de la medicina ha estado muy ligado a los avances biomédicos y biotecnológicos, como también a la formación de los futuros médicos, con un detrimento claro de la formación más humanística. Este sesgo impregna gran parte de la medicina actual, no sólo la atención —sobre todo la hospitalaria—, sino también la formación y la investigación.

Convivir y *conmorir*

El contacto con el dolor, el sufrimiento, el duelo y la muerte suponen sostener situaciones con un elevado impacto emocional.

Los pacientes se nos siguen muriendo. Y todo profesional de la salud recuerda quién y cuándo se le fue el primero.

El contacto con la muerte, el sufrimiento o el duelo provoca dolor. Con frecuencia, se compartirán situaciones con emociones de alta intensidad para las personas y familias que las viven, a menudo con miedo, impotencia, incertidumbre, soledad... Son situaciones que cuestionan, que reclaman sentido o que despiertan preguntas.

Como comenta Bowlby: «La pérdida es una de las experiencias más dolorosas que un ser humano puede sufrir. Y no sólo es dolorosa de experimentar, sino que también es doloroso ser testigo de ésta, especialmente porque nos sentimos impotentes para ayudar».[96]

Estas situaciones de elevada intensidad emocional no afectan sólo a quien las vive, sino a las personas que están a su lado. Todos estamos cableados por la empatía, conectados a través de ella, y cuando se presencia o se comparte con personas que sufren, afecta al observador.

La teoría de las neuronas espejo ofrece una base explicativa de por qué sufrimos cuando acompañamos a una persona que sufre, porque sentimos empatía o compasión por y con ella.

Estas neuronas fueron descritas por Rizzolatti, neurobiológo italiano, casi por azar.[97] Su equipo de neurocientíficos de la universidad de Parma estaba estudiando la corteza premotora en los macacos y qué área se activaba cuando el mono agarraba algo. Para ello, tenían monitoreado al animal con electrodos que registraban la activación de su corteza. Durante el experimento le daban cacahuates y registraban dónde se producía la actividad eléctrica cerebral.

Sin embargo, en un pequeño descanso, uno de los investigadores tomó un plátano y se lo comió. En ese momento se dieron cuenta de que, en el macaco que observaba al investigador, se producía una activación de la misma área cerebral

96. Bowlby, J., *op. cit.*

97. Rizzolatti, G., y Sinigaglia, C., *Las neuronas espejo: Los mecanismos de la empatía emocional*, Paidós, Barcelona, 2006.

que cuando el mono tomaba un cacahuate. Pensaron que era un error, pero lo repitieron varias veces y observaron un grupo de neuronas que reaccionaban cuando los monos observaban a alguien realizar un movimiento. Después lo analizaron en humanos y también encontraron este grupo de neuronas que se activan cuando observamos una conducta en otra persona. Después ampliaron la investigación y se dieron cuenta de que estas neuronas no respondían sólo al visualizar acciones motoras, sino también ante emociones o sentimientos. Rizzolatti y su equipo habían descubierto un grupo de neuronas fundamentales para explicar el aprendizaje, la imitación y la empatía: las neuronas espejo.

Estas neuronas han supuesto un enorme avance en la comprensión de la empatía porque explican cómo nos damos cuenta y sabemos comprender las emociones de otros, y por qué sabemos identificar la alegría, la tristeza, el dolor o la ilusión de los demás cuando los observamos. Rizzolatti comenta: «Somos criaturas sociales. Nuestra naturaleza depende de entender las acciones, intenciones y emociones de los demás. Las neuronas espejo nos permiten entender la mente de los otros, no sólo a través de un razonamiento conceptual sino mediante la simulación directa. Sintiendo, no pensando». Las neuronas espejo hacen que sintamos como propias las acciones y emociones de los demás.

Todos estamos conectados por un sistema de neuronas que nos emplazan a sentir y vivir no sólo la experiencia propia, sino la de los demás. Los seres humanos somos seres preparados para interaccionar y compartir, estamos construidos para la relación con otros, porque la empatía, el ser capaz de identificar las emociones de los demás, prepara a la compasión, un paso más, lo que nos permite responder y comprometernos con el sufrimiento del otro.

Convivimos y *conmorimos* en sistemas de relaciones.

Aprender a acompañar

Acompañar, ésta es quizá una de las palabras clave.

Laín Entralgo, médico y humanista, explicaba que hay pocas experiencias en la vida de una persona que sean capaces de transformarla de manera radical, de modificar las escalas de valores o las prioridades con las que enfocamos la vida. Son tan pocas que podrían contarse con los dedos de una mano, quizá añadiendo algún dedo de la otra.

Experiencias transformadoras en positivo podrían ser el nacimiento de un hijo, una opción de pareja, la vocación... En negativo, la enfermedad grave o la muerte de una persona querida, una enfermedad grave propia que ponga en peligro la vida, y pocas más. Gran parte de estas experiencias con capacidad de modificar la vida están relacionadas con la enfermedad o la muerte. Son situaciones «fundantes y fundamentales» en la vida de las personas que cuestionan, generan preguntas, reclaman sentido.[98]

Son momentos de elevado sufrimiento que nos gustaría solucionar, resolver o dar la respuesta a la pregunta que a veces se plantea como un grito desgarrador: «¿Por qué a mí? ¿Por qué a nosotros?».

El acompañamiento está relacionado con palabras como *empatía*, *amabilidad*, *compasión*, *respeto*, *comprensión* o *reconocimiento*, y todas ellas pueden y deben convertirse en verbos que hay que aprender a conjugar.

Empatía sería la capacidad de entender y dar respuesta a las emociones y los sentimientos de los demás. La compasión es la capacidad de iniciar acciones dirigidas a mitigar el sufrimiento y a producir bienestar en quien sufre... Todas estas actitudes están conectadas con las relaciones que esta-

98. Laín Entralgo, P., «La relación Médico-Enfermo», *Revista de Occidente*, 1964.

blecemos, pero también con los resultados o con la experiencia que viven los enfermos y los pacientes.

Pero ¿esta afirmación puede demostrarse?

En un fantástico libro, *Compassionomics: The Revolutionary Scientific Evidence That Caring Makes a Difference*,[99] los médicos Stephen Trzeciak y Anthony Mazzarelli se plantearon precisamente esta pregunta, y se cuestionaron si el cuidado empático y compasivo supone una diferencia. Para responderla, revisaron la literatura científica publicada en revistas prestigiosas.

Sus conclusiones fueron abrumadoras: el cuidado empático y compasivo tiene un gran impacto y produce enormes beneficios a los pacientes en una amplia variedad de condiciones, pues alivia el dolor y el sufrimiento, mejora la recuperación temprana de muchos procesos, aumenta la adhesión al tratamiento y disminuye el estrés asociado entre muchos otros temas. Llegaron también a la conclusión de que el cuidado poco compasivo, por no llamarlo inhumano, podía tener efectos devastadores para la salud.

Además, la compasión puede ser un antídoto para el agotamiento entre los profesionales de la salud, además de ayudar a reducir los costos. Es decir, las conversaciones tranquilas y con calma pueden evitar tratamientos o pruebas costosos e inútiles —además de dañinos—. Por otra parte, mejorar la confianza (otra gran palabra) en los profesionales de la salud ayuda a que las personas cumplan mejor los tratamientos prescritos evitando recaídas, y así muchos otros ejemplos.

La empatía o la compasión se expresan con una forma de ser y estar, con la presencia, la palabra y los gestos.

99. Trzeciak, S., y Mazzarelli, A., *Compassionomics: The Revolutionary Scientific Evidence That Caring Makes a Difference*, Studer Gr, 2019.

Una línea muy interesante de investigación es justo ésta, el valor del contacto humano para aliviar el dolor, el estrés y el sufrimiento. Por ejemplo, Pavel Goldstein, investigador y director del Integrative Pain Laboratory de la Universidad de Haifa (Israel), tiene una línea de investigación muy interesante en la que demuestra que el tacto, el dar la mano, reduce la experiencia de dolor.

Volvamos por un momento al inicio del libro, cuando comentábamos que escuchar historias y narraciones juntos, en grupo, produce una sincronización de la frecuencia cardiaca o de la respiración. Estamos cableados, ¿recuerdan? Esta sincronización aparece también cuando vemos películas juntos o al estar en pareja. Además, empezamos a saber que el contacto social ayuda a la regulación de la respuesta emocional frente a diversos factores estresantes de la vida.

El doctor Goldstein, se planteó la siguiente pregunta: «Cuando hay dolor, ¿puede ayudar la sincronización?».[100] A continuación, diseñó una investigación en la que aplicaba a una persona un procedimiento doloroso —estímulos eléctricos— en cuatro situaciones diferentes: en la primera, la persona estaba sola; en la segunda, la acompañaba su pareja; en la tercera, su pareja le daba la mano; en la cuarta, daba la mano a un extraño.

¿En qué situación hubo menor percepción de dolor? Este estudio mostró que, cuando la pareja le daba la mano, no sólo había una significativa reducción del dolor, sino que también se produjo una sincronía en la frecuencia cardiaca y la respiración. A mayor sincronía, mayor reducción de la percepción de dolor. También se produjo, aunque en

100. Goldstein, P., Weissman-Fogel, I., y Shamay-Tsoory, S. G., «The Role of Touch in Regulating Inter-Partner Physiological Coupling During Empathy For Pain», *Scientific Reports*, vol. 7, n.º 3252, 2017.

menor medida, cuando quien le daba la mano era un desconocido.

Otro investigador, James Coan, llegó a resultados parecidos. En una parte de su investigación, ante la amenaza de recibir una descarga eléctrica, vio que las personas a las que sostenía la mano su pareja tenían una mejor activación de los sistemas cerebrales de amenaza, ya fueran emocionales o conductuales. Su investigación se titula «Lending a hand» [Dar la mano].[101]

Otros estudios demuestran que, cuando los profesionales son más empáticos o compasivos, aunque sea con gestos no verbales, se produce una mayor relajación y tranquilidad, menor estrés. Incluso se aprecia en la respuesta fisiológica de los pacientes y familias, pues se reduce la frecuencia cardiaca y la respiración es más pausada.[102]

El contacto humano sirve como modulador para regular la respuesta al estrés y al dolor, y aumenta la sensación de bienestar.

Estos pequeños gestos no necesariamente implican más tiempo. Cuando los profesionales van tan sobrecargados, no se les pide más dedicación, sino un cambio de actitud. En todo caso, nos toca defender que el tiempo es costo-efectivo. Pero a veces es más fácil incorporar una brillante y nueva tecnología que ocuparnos de garantizar pequeños gestos, actitudes y palabras que parece que hayan perdido puntos.

Es probable que todos tengamos experiencia de ello. Muchas veces cambia la visión de la atención a las personas

101. Coan, J. A., Schaefer, H. S., y Davidson, R. J., «Lending a Hand: Social Regulation of the Neural Response to Threat», *Psychological Science*, 17 (12), 2006, pp. 1032-1039.

102. Coan, J. A., Beckes, L., Gonzalez, M. Z., Maresh, E. L.,Brown, C. L., y Hasselmo, K., «Relationship Status and Perceived Support in the Social Regulation of Neural Responses to Threat», *Social Cognitive and Affective Neuroscience*, n.º 12 (10), 2017, pp. 1574-1583.

si el profesional de la salud ha vivido y experimentado en él o en un familiar el proceso de enfermar, transitar las salas de espera, consultas e ingresos hospitalarios, lo que le permite ponerse al otro lado.

El cambiar de posición modifica la perspectiva: el tiempo de espera, la atención, incluso el mobiliario, aparecen de forma distinta. Y lo que quizá considerábamos accesorio —una mirada, pequeños gestos, la posibilidad de preguntar o de ser escuchado, que antes se consideraban «florituras» adicionales, accesorias, del todo prescindibles— aparece ahora como un salvavidas.

Para muchos, el mundo de la salud puede ser agresivo, pero más aún para las personas que están en momentos de alta fragilidad. En circunstancias muy difíciles, es fundamental encontrar a profesionales de la salud que se ocupen no sólo de tus síntomas, sino de ti, de tus preocupaciones y vivencias.

Hay muchas estrategias de humanización: en cuidados intensivos, en pediatría, en quirófanos... La diferencia radical será tener y fomentar profesionales de la salud humanos que generen estructuras humanas.

Quizá a veces pensamos que estas cualidades o valores —la empatía o la compasión— son complejos o requieren un elevado esfuerzo... Por eso me gusta incluir la amabilidad. Quizá sea más fácil entender y aplicar aquello de ser amables, porque por intuición sabemos decir palabras o hacer gestos para ser cordiales. Puede que tengamos que empezar por ahí, por ser todos un poco más amables.

La muerte no requiere una medicina altamente especializada o personalizada, requiere una medicina personal. Lo expresa muy bien el periodista canadiense especializado en la salud, André Picard, cuando dice:

> Hemos hablado mucho de medicina personalizada, sobre fármacos y tratamientos diseñados para un genoma específico o

marcadores epigenéticos. Pero lo que la gente realmente anhela es la medicina personal, no personalizada. Con conexión humana. No solamente curación, sino cuidado.[103]

Nunca podrás acompañar a nadie más allá del territorio inexplorado.

Sin embargo, estas cualidades —empatía, compasión, acompañamiento y amabilidad— son (perdón, deberían ser) compartidas por todo el sistema de la salud o social.

El acompañar al final de la vida va un poco más allá, pues la pregunta por la muerte no es sólo por la muerte del otro, sino por la mía y la de las personas queridas. Acompañar a bien morir es una tarea compleja. Seguramente aprenderla requiere toda la vida profesional, pues interpela lo más profundo de la existencia y la razón de ser no sólo en el ámbito profesional sino en el humano.

Es difícil estar una y otra vez en contacto con el sufrimiento sin endurecerse o cosificar a la persona que se acompaña. Llevarlo a cabo requiere de una preparación y un soporte de una forma determinada. Iona Heath, médico de familia, lo expresa así:

> Morir es difícil. También es difícil ser médico: presenciar cada día la agonía y tomar conciencia una y otra vez de los límites de la ciencia. Cuando el paciente terminal conoce a su médico, ambos inician una de las tareas más complejas que deberán afrontar. ¿Cómo dialogar con quien está por dejarnos? ¿Cómo acompañarlo sin reducirlo a objeto de un inútil ensañamiento terapéutico? ¿Cómo hacer más suave y digna la transición?[104]

103. Picard, A., *Matters of Life and Death. Public Health Issues in Canada*, Douglas & McIntyre, Vancouver, 2017.

104. Heath, I., *op. cit.*

Morir es difícil, y acompañar a morir también. Por ello requiere de profesionales formados y preparados de manera específica, con una muy buena gestión emocional, conscientes de su fragilidad, herida y la aceptación de su propia mortalidad, que sean capaces de vivir el trabajo desde la incertidumbre y con una adecuada construcción de la propia espiritualidad, sentido y esperanza.

Situaciones de alto impacto emocional requieren estrategias de gestión explícitas y elaboradas para evitar que dañen a los profesionales. Si queremos alcanzar una muerte en paz como uno de los objetivos primordiales de la medicina, se necesitarán profesionales muy preparados no sólo para curar, sino también para cuidar. Y no necesariamente lo estamos garantizando.

La formación de los profesionales —en especial la de los médicos— está sesgada al curar a toda costa y en todo momento, al tratar enfermedades y no a personas, y las graves carencias formativas impregnan todo el modelo de atención.

Esa ilusión por la técnica, por los resultados milagrosos, por los límites, no ayuda a que los profesionales desarrollen competencias humanas y de cuidado, a que miren a los ojos y entiendan a las personas, sus necesidades, sufrimientos, miedos y preocupaciones. Debemos aprender a ver para comprender, y comprender para atender.

Un ejemplar del *New England Journal of Medicine* relativamente reciente nos regalaba un texto en sus «Perspectives» bajo un curioso título: «The Name of the Dog» [El nombre del perro], de Taimur Safder.[105] El autor explica que en su primera guardia como residente hubo un momento que marcó su formación.

105. Safder, T., «The Name of the Dog», *New England Journal of Medicine*, n.º 379 (14), 2018, pp. 1299-1301.

Aquel día lo llamaron a él y a su médico adjunto para atender a una persona que había llegado a urgencias con dolor en el pecho, síntoma sugestivo de infarto agudo de miocardio, que le había aparecido mientras paseaba a su perro. Una de las primeras preguntas que le hizo el médico adjunto al atender a la persona fue: «¿Cuál es el nombre de su perro?». Safder se quedó asombrado, pues ninguna guía clínica ni algoritmo de diagnóstico en dolor torácico incluye la pregunta sobre el nombre del perro al realizar un diagnóstico diferencial.

Sigue explicando que esa pregunta resultó decisiva en su formación como médico, pues de ella y de la conversación que vino después derivó una transformación, quizá su mayor aprendizaje: la constatación de que, debajo de esa bata de enfermo, había una persona. Y sólo si la conocía, si era capaz de conectar con ella, podría proporcionarle las mejores opciones de tratamiento.

En mis tiempos como estudiante de Medicina me explicaban que «humanizar» era llamar a los pacientes por su nombre, no por el nombre de la habitación —la de la 204 o el de la 505—; ni tampoco referirnos a ellos por su dolencia —el del tumor de páncreas o la de la neumonía del cinco—. Poner nombre sería una estrategia de Humanización 1.0.

El nuevo paradigma, la Humanización 3.0, no es conocer el nombre del paciente, sino el de su perro, averiguar quién es el paciente, qué valora, con qué no podría vivir, compartir sus expectativas, ansiedades y miedos. Y eso sólo puede conseguirse con cercanía, empatía y en contextos de confianza.

La pregunta hace aflorar uno de los lastres de la medicina actual. Entre datos, guías terapéuticas, pruebas, multiplicidad de informes y formularios administrativos, con facilidad nos olvidamos de que tratamos a personas. No es un comentario nuevo, pero sí la constatación que persiste.

Francis Peabody, médico pionero en la educación médica humanista, en un artículo clásico en el *JAMA Network* (¡en 1927!), «The Care of the Patient», hablaba de la necesidad de una relación médico-paciente cercana no sólo para generar un entorno de confianza, sino para conocer a la persona, pues sólo de ese modo podría realizarse un diagnóstico y tratamiento adecuado. En palabras de Peabody:

> Cuando hablamos de un cuadro clínico no nos referimos a la fotografía de un hombre enfermo en cama, sino a la pintura impresionista de un paciente en el entorno de su casa, con su trabajo, las relaciones con sus amigos, sus alegrías, sus preocupaciones, esperanzas y miedos.[106]

En un momento en que empezamos a discutir si los robots podrán reemplazar a las personas en algunos ámbitos particulares del cuidado de los demás, o si algunos procedimientos de inteligencia artificial sustituirán partes de los procesos en medicina, hay algo fundamental en el cuidado de las personas, en especial al final de la vida: la necesidad de contacto humano, que es de por sí terapéutica.

Albert Jovell, que se definía como médico y paciente, comentaba: «Los pacientes queremos que nos cuiden. Yo ya acepto que no me curan, pero me costaría aceptar que no me cuidan».[107] Una persona y una familia pueden aceptar que un proceso ya no tenga curación, pero lo que difícilmente pueda asumir es que no los cuiden en esos momentos.

El cuidado es pues una parte fundamental del acompa-

106. Peabody, F. W., «The Care of the Patient», *Journal of the American Medical Association*, n.º 88 (12), 1927, pp. 877-882. Disponible en: <https://jamanetwork.com/journals/jama/article-abstract/245777>.

107. Jovell, A., «El médico paciente», *El País Semanal*, 16 de abril de 2006. Disponible en: <https://elpais.com/diario/2006/04/16/eps/1145168807_850215.html>.

ñar a bien morir, y requiere haber adquirido una serie de conocimientos particulares —algunos muy básicos, pues no se adquieren con el bagaje social—, y desarrollado una serie de competencias específicas y, sobre todo, una actitud determinada hacia las personas y familias al final de la vida.

Las competencias técnicas no garantizan haber perfeccionado estas otras competencias más humanas. Warner Slack es médico y uno de los grandes precursores de una de las incorporaciones recientes como es la historia clínica digitalizada —a la que a veces los médicos debemos dedicar más tiempo que a los pacientes—. El doctor Slack emplea una sentencia que toma prestada de los psicólogos cognitivos de su universidad: «Si un médico puede ser reemplazado por una computadora, merece ser reemplazado por ella». Si nos comportamos como máquinas frías, insensibles y automatizadas mereceremos ser reemplazados por ellas.[108]

Pero el problema es que la formación actual no garantiza ese desarrollo de competencias necesarias e imprescindibles para acompañar en situaciones de elevado sufrimiento emocional. Es cierto que muchos profesionales las desarrollan, pero no debería ser algo opcional, sino una parte fundamental y nuclear de todo profesional de la salud.

Generaciones de profesionales de la salud o sociales hemos aprendido a lidiar con esas experiencias de alto impacto emocional, aprendiendo de los profesionales mayores y de los procesos establecidos por imitación mediante el llamado «currículum oculto», y lo que en el fondo se nos enseñaba era que de ello no se hablaba y que había que ser fuerte y dejarlo ahí.

El currículo oculto lo describe muy bien Hafferty, profesor de educación médica y profesionalismo, y comprende

108. Slack, W. V., *Cybermedicine: How Computing Empowers Doctors and Patients for Better Health Care*, Jossey-Bass, 1997.

valores, actitudes, creencias y comportamientos esperados en los profesionales de la salud.[109] Suelen dar una visión mecanicista de la persona, en parte para ser capaces de lidiar con situaciones de alto sufrimiento, y se automatizan mensajes de «peligro» si se involucran demasiado en algún caso, o si es demasiado reflexivo o introspectivo. Los docentes pueden contribuir con historias, anécdotas, bromas o estereotipos, y los valores a menudo ofrecen contradicciones, dobles mensajes o inconsistencias comparados con los valores formales.

Un punto de inflexión en todo esto es el desarrollo de los cuidados paliativos, pero su incorporación a los planes de estudios es muy irregular. Suelen ser cursos optativos y opcionales, y con un bajo número de créditos.

El final de la vida, el sufrimiento, el dolor y muchas otras situaciones acaban aprendiéndose a gestionar mediante estrategias del currículum oculto, implícitas, muchas veces inadecuadas.

Algunos estudios muestran que prácticamente todos los estudiantes de Medicina o Enfermería han llorado durante las prácticas en alguna ocasión. Sin embargo, el retorno que reciben de este llanto es muy diferente. Mientras que a los segundos se les suele validar el llanto como estrategia adecuada para afrontar situaciones que desbordan, los estudiantes de Medicina suelen recibir que el llanto no es adecuado ni es bueno que los pacientes o familias vean a un médico llorando. Hace poco se hizo viral en Twitter la imagen de un médico llorando después de «haber perdido» a una paciente de diecinueve años en un hospital del Sur de California. ¿Debería ser una imagen rara o poco frecuente?

109. Hafferty, F. W., «Beyond Curriculum Reform: Confronting Medicine's Hidden Curriculum», *Academic medicine: journal of the Association of American Medical Colleges*, n.º 73 (4), 1998, pp. 403-407.

Atender al final de la vida no representa enormes y costosas inversiones; requiere profesionales preparados y formados para ver, entender y acompañar. Curar y cuidar, cuidar y curar, son dos verbos que no pueden separarse. Siempre van de la mano. Por tanto, requeriremos formación, investigación y preparación de los profesionales y sistemas de salud que lo incorporen.

High Tech/High Touch. Si un día me hago un tatuaje, tendrá este lema. Alta tecnología/Alta capacidad curativa, combinada con alta compasión, cuidado y empatía.

Epílogo

Y llegó una pandemia: morir en tiempos de la COVID-19. ¿Qué hemos aprendido?

La pandemia de la COVID-19 nos impactó con toda su crudeza en marzo de 2020. Como una peste moderna, transformó la realidad y la conducta de la gente. Desde entonces hemos experimentado diversas vivencias que sucedieron en muy poco tiempo, con elevada intensidad y sin dar tiempo a asimilarlas. El impacto de la pandemia modificó el día a día, las relaciones, la forma de trabajar y de vivir, de salir y de divertirse, y alteró también la manera de enfermar y de morir.

Algunas muertes fueron, en cierta manera, previsibles por edad o por estado previo, pero muchas fueron inesperadas, rápidas, en soledad, sin acompañamiento familiar, sin despedida ni rituales, con profesionales sobrepasados tanto física como emocionalmente. Muchas veces, las personas no pudieron despedirse, ver o tocar a la persona difunta, ni realizar una ceremonia o celebrarla con muy pocos asistentes. El duelo se encerró aún más en casa, sin el soporte de la familia por el confinamiento y las restricciones sociales. Todo ello se vio agravado por problemas añadidos: financieros, laborales, emocionales (miedo, estrés)... La pandemia ha producido un enorme sufrimiento, a muchos niveles y en profundidad.

Los primeros meses estuvieron muy marcados por todas estas muertes. Reconozco que, ilusa, pensaba que provocaría cambios profundos en la manera en que nuestra sociedad se acerca a la muerte. No había más remedio que mirarla cara a cara, no podíamos seguir evitándola o negar su existencia.

Sin embargo, en uno de esos fantásticos ejercicios que sabemos hacer en nuestra cultura occidental fuimos capaces de convivir con una muerte cercana y muy presente sin hablar de ello. Ahora más que nunca se hizo realidad aquella sentencia que se atribuye a Stalin: «La muerte de una persona es una tragedia, la muerte de millones de personas es una estadística». Tenemos miles de personas fallecidas, miles de personas en duelo, pero, estimados lectores —a estas alturas creo que ya puedo llamarlos *estimados*—, ¿han hablado más de la muerte con su familia? ¿Se han planteado el final? ¿La despedida? ¿Saben reconocer mejor y dar respuesta al duelo de una persona cercana?

La muerte en pandemia es una estadística que ha aparecido repetidamente en prensa, pero parece que tampoco es capaz de ayudar a que se integre en nuestra realidad cotidiana.

Estuve reflexionando mucho con qué cita literaria abrir este epílogo, pero fui incapaz de elegir entre las tres referencias que aparecen en el siguiente apartado...

La pandemia explicada con tres referencias literarias

Para el momento inicial, el del impacto, elegiría a Joan Didion y su libro de memorias *El año del pensamiento mágico*: «La vida cambia rápidamente, la vida cambia en un instante. Te sientas a cenar y la vida, tal como la conoces, se acaba».[110]

En este libro sobre el duelo, la autora, una neoyorquina acomodada de clase alta, narra la vivencia de la enfermedad grave y la muerte de su hija a raíz de las complicaciones de una gripe común, y la muerte repentina de su marido durante el proceso. Dos muertes en un año. En toda la obra planea esta sensación de extrañeza, incredulidad o irrealidad por el repentino e inesperado cambio en la vida. En un momento ves cómo un tipo de vida, tal como la conoces, desaparece de forma repentina.

Seguramente, esto refleje lo que vivimos durante las primeras semanas y meses de pandemia. Nuestra vida se transformó en un momento, casi en un fin de semana, y para muchas personas la vida de antes nunca regresó.

Para la siguiente cita, continuaría con Charles Dickens, y su novela *Historia de dos ciudades*:

> Era el mejor de los tiempos, y era el peor de los tiempos; era la edad de la sabiduría y la de la tontería; era la época de la fe y la época de la incredulidad; la estación de la Luz y la de las Tinieblas; era la primavera de la esperanza y el invierno de la desesperación...[111]

En realidad, es la sensación de que durante la pandemia se ha experimentado lo mejor de la humanidad y lo peor, se han dado experiencias en las que han renacido valores que parecían desterrados en el mundo moderno —generosidad, proximidad, vecindad, calor humano...—.

110. Didion, J., *El año del pensamiento mágico*, Literatura Random Hause, Londres, 2015.

111. Dickens, C., *Historia de dos ciudades*, Alba, Barcelona, 2012.

Miles de personas, desde el ámbito individual o institucional, han realizado pequeños y grandes gestos que han mostrado lo mejor de nosotros con valentía, esfuerzo y compasión. Pero a lo largo de este periodo también se han dado enormes muestras de valores negativos —egoísmo, insolidaridad...— que han mostrado la cara más amarga de la humanidad.

Por último, como tercera cita, me resuena, el sociólogo Richard Sennett cuando habla de la corrosión del carácter: «Una sociedad que no proporcione a los seres humanos ninguna razón profunda para cuidarse entre sí, no puede preservar su legitimidad por mucho tiempo».[112]

En el primer capítulo decíamos que la conciencia de la muerte en la humanidad quizá nació relacionada con la conciencia del cuidado. Las sociedades modernas se han desarrollado cada vez de una forma más compleja, delegando el cuidado en el Estado y en las instituciones, pero la pandemia nos recordó que el cuidado es inherente al ser humano, que es cosa de todos y que no puede construirse una sociedad que lo excluya como prioridad.

Puede que hayamos construido sociedades demasiado enfocadas en reclamar derechos y poco en construir deberes. Garantizar derechos es fundamental, pero no puede hacernos olvidar que va ligado a la construcción de deberes.

La muerte y el morir después de la pandemia

Una leyenda que no debe de ser demasiado rigurosa ni histórica cuenta que Alejandro Magno, a sus treinta y tres años, hallándose al borde de su repentina muerte, reunió a sus

112. Sennett, R., *La corrosion del carácter*, Anagrama, Barcelona, 2006.

sirvientes y generales y les comunicó sus tres últimos deseos: primero, que su ataúd fuese llevado en hombros y transportado por los mejores médicos de la época. Segundo, que los tesoros que había conquistado (plata, oro, piedras preciosas) fueran esparcidos por el camino hasta su tumba, y tercero, que sus manos quedaran balanceándose en el aire, fuera del ataúd, a la vista de todos.

Cuando uno de sus sirvientes, asombrado por tan insólitos deseos, le preguntó a Alejandro cuáles eran sus razones, este explicó: «Primero, quiero que los más eminentes médicos carguen mi ataúd para así mostrar que ellos no tienen, ante la muerte, el poder de curar. Segundo, quiero que el suelo sea cubierto por mis tesoros para que todos puedan ver que los bienes materiales aquí conquistados, aquí permanecen. Y tercero, quiero que mis manos se balanceen al viento, para que las personas puedan ver que vinimos con las manos vacías, y con las manos vacías partimos, cuando se nos termina el más valioso tesoro que es el tiempo».

Todo lo vivido no sólo deja una marca, sino que cambia la forma de entender y ver la realidad. Las peticiones atribuidas a Alejandro Magno podrían corresponder a una sabiduría vivida después de una trayectoria corta e intensa marcada por un tiempo convulso. Nuestra vivencia en la pandemia puede cambiar la manera de afrontar la realidad, la vida y la muerte, y quizá pueda habernos dejado también tres intuiciones, más que deseos o certezas.

Primera, la vida es frágil y efímera, la vida es finita. A menudo damos por supuestas cosas que sólo son suposiciones, y a pesar de los enormes avances de la medicina, seguimos expuestos a la enfermedad y seguimos siendo mortales. *Memento mori,* comentaban los estoicos. Recuerda que eres mortal, y por ello *carpe diem,* vive en plenitud, cosecha el día con sentido, con profundidad...

Debemos vivir cada día con conciencia de finitud, pero con «anhelo, ese regusto estelar de eternidad».[113]

Segunda, nos irá mejor si vamos por la vida bien hablados y con la tarea hecha. Las conversaciones difíciles son imprescindibles: sobre la toma de decisiones, la finitud, la carga de tratamiento al final de la vida, la organización de cuidados en la vejez... Hacen falta muchas, tanto en el ámbito familiar como en el social, en las que deberemos abordar aspectos que no nos gustan, que son difíciles, que duelen... pero son conversaciones ineludibles, para tener la capacidad de preparar y planificar.

Y tercera, el cuidado es intrínseco a aquello que somos, y no puede delegarse a un Estado, sino que depende de todas y cada una de las personas que formamos parte de la sociedad. Quizá deberíamos hablar más de autonomía relacional que de autonomía: tenemos la capacidad de ser independientes en redes de relaciones que nos sostienen. Entre ellas, habrá colectivos de personas e instituciones con el encargo de cuidar, y será importante que estén preparadas y formadas para dar respuesta a ello, y a su vez, cuidados por la sociedad.

Durante la pandemia repetimos mucho la frase de «Todo estará bien». Dolía escucharla ante la trágica realidad de muchas personas. Vienen tiempos complejos, de digerir poco a poco todo lo vivido, y es importante no cerrar la herida en falso, y hablarlo mucho. Hemos vivido mucho, y será necesario hablarlo mucho.

Pero tal como todo lo vivido puede ser integrado, la pandemia puede ayudarnos a centrarnos en ámbitos que nuestra sociedad había olvidado: la finitud y la muerte, la emer-

113. Ortega y Gasset, J., Prólogo a *Veinte años de caza mayor del conde de Yebes*, Ediciones de la Universidad de Castilla-La Mancha, Cuenca, 1999.

gencia de la solidaridad ante la impotencia, la reorganización ante el caos.

Hemos repetido que «la desculturización de la muerte provoca sufrimiento», y quizá la pandemia nos ayude a reculturizar no sólo la muerte, sino lo que va ligado a ella, como el acompañamiento y el cuidado. El papa Francisco comentaba que «la nuestra es una sociedad analfabeta en cuidar, acompañar y sostener». Quizá la pandemia nos ayude a alfabetizarnos.

El escritor, dramaturgo, poeta y político checo Václav Havel explicaba que «la esperanza no es la creencia de que algo saldrá bien, sino la certeza de que las cosas, independientemente de cómo salgan, tienen un sentido».[114] Encarar la vida con esperanza es uno de los grandes aprendizajes, con la convicción profunda de que todo tiene o se le puede dar un sentido, incluso a la muerte.

114. Havel, V., *Disturbing the Peace: A Conversation with Karel Huizdala*, Vintage, Nueva York, 1991.

Agradecimientos

Hay muchas cosas en la vida que damos por supuestas, y no lo son. Estamos donde estamos, llegamos donde llegamos y seguimos como seguimos gracias a una red de personas que nos han dado soporte, guía, inspiración, consuelo, enseñanza y, sobre todo, amor.

Nuestra vida se construye gracias a esas múltiples miradas que nos han tocado y sostenido de una determinada manera. Es imposible no olvidar a nadie, pero me gustaría, sin ser exhaustiva, agradecer profundamente y de corazón la ayuda de tanta y tanta gente que me ha acompañado, y sigue haciéndolo:

A mis padres, mis raíces y mi base. A mis hijos, esperanza y motivación. A mi marido, mi roca firme. Y al resto de mi familia.

A mis pacientes —niños, jóvenes y familias—, por haberme dejado formar parte de sus vidas y compartir momentos de ellas. Les pido disculpas por todas las veces que me equivoqué y no supe dar la respuesta adecuada.

A mis compañeros de trabajo y de fatigas en el mundo de la bioética y de salud mental infanto-juvenil. A todo el equipo del Institut Borja de Bioètica, de la Universitat Ramon Llull y de Sant Joan de Déu Terres de Lleida.

A mis profesores, por su generosidad al compartir tiempo y sabiduría. A mis estudiantes, por su paciencia. Y a los que considero mis mentores, Joan Viñas y Anna Maria Agustí.

A mis amigos, los de toda la vida y los nuevos, por las risas y los llantos, los viajes, las cenas y las cervezas compartidas, por los recuerdos vividos y los que vendrán.

A los revisores de este libro, Dolors, Mónica, Jordi, Anna Maria, Claudia, David y Mentxu, por su paciencia, generosidad y sus cariñosos comentarios de crítica.

Bibliografía

Adichie, C. N., «Notes of Grief», *The New Yorker*, 2020. Disponible en <https://www.newyorker.com/culture/personal-history/notes-on-grief>.

Agustí, A. M., Esquerda, M., Amorós, E., Kiskerri, A., Nabal, M., y Viñas, J., «Miedo a la muerte en estudiantes de Medicina», *Medicina Paliativa*, n.º 25 (4), 2018, pp. 230-235.

Ariès, P., *El hombre ante la muerte*, Taurus, Madrid, 1983.

—, *Historia de la muerte en Occidente*, Acantilado, Madrid, 2000.

Bayés, R., *Afrontando la vida, esperando la muerte*, Alianza, Madrid, 2006.

Berger, J., *Un hombre afortunado*, Alfaguara, Madrid, 2017.

Bowlby, J., *Vínculos afectivos: formación, desarrollo y pérdida*, Morata, Madrid, 2014.

Boyce, N., «Bills of Mortality: Tracking Disease in Early Modern London», *The Lancet*, Londres, 2020, pp. 1186.

Bucay, J., *Cuentos para pensar. Siempre hay un cuento para cada quien*, Océano, Barcelona, 2019.

Byock, I., *The Four Things That Matter Most. A Book About Living*, Simon & Schuster, Nueva York, 2004. Versión española de Alicia Sánchez, Decir lo que importa, Urano, Barcelona, 2005.

Callahan, D., «The Goals of Medicine-Setting New Priorities», *Hastings Center Report*, n.º 26 (6), 1996.

—, *The troubled dream of life. In search of a peaceful death*, Georgetown University Press, Georgetown, 2000.

Cassell, E., «The Nature of Suffering and the Goals of Medicine», *New England Journal of Medicine*, n.º 306, 1982, pp. 639-645.

Chantler, C., «The Role and Education of Doctors in the Delivery of Health Care», *The Lancet*, n.º 353 (9159), Londres, 1999, pp. 1178-1181.

Csíkszentmihályi, M., *Fluir* (flow): *una psicología de la felicidad*, Kairós, Madrid, 2010.

Emanuel, E. J., «Why I Hope to Die at 75», *The Atlantic*, 314 (3), 2014, pp. 74-81.

Feifel, H. E., *The Meaning of Death*, McGraw-Hill, Madrid, 1959.

Frankl, V., *El hombre en busca de sentido*, Herder, Barcelona, 1991.

—, *El hombre doliente: fundamentos antropológicos de la psicoterapia*, Herder, Barcelona, 2009.

Gawande, A., *Ser mortal: la medicina y lo que importa al final*, Galaxia Gutenberg, Barcelona, 2015.

Gomá, J., *Aquiles en el gineceo*, Taurus, Madrid, 2014.

Gorer, G., «The Pornography of Death», *Death, Grief, and Mourning*, Doubleday, Nueva York, 1955.

Gottschall, J., *The Storytelling Animal. How Stories Make Us Human*, Houghton Mifflin Harcourt, Boston, 2012.

Grollman, E. A., «Explaining Death to Children and to Ourselves», *Children and Death*, Taylor & Francis, Londres, 2013, pp. 27-32.

Hafferty, F. W., «Beyond Curriculum Reform: Confronting Medicine's Hidden Curriculum», *Academic medicine: journal of the Association of American Medical Colleges*, n.º 73 (4), 1998, pp. 403-407.

Han, B. C., *La desaparición de los rituales: una topología del presente*, Herder, Barcelona, 2020.

Hanson, Mark J., y D. Callahan (eds.), *The Goals of Medicine. The Forgotten Issues in Health Care Reform*, Georgetown University Press, Georgetown, 2000.

Heath, I., *Ayudar a morir*, Katz, Buenos Aires, 2008.

Johnson, S., *Extra Life: A Short Story of Living Longer*, Riverhead Books, Nueva York, 2021.

Kalanithi, P., *When Breath Becomes Air*, Random House Books, Nueva York, 2016.

Keller, H., *We Bereaved*, Leslie Fulenwider, Abilene, 1929.

Kübler-Ross, E., *Sobre la muerte y los moribundos*, Grijalbo, Barcelona, 1988.

—, *La rueda de la vida*, Zeta Bolsillo, Madrid, 2006.

Lamers Jr., W. M., «Herman Feifel, the Meaning of Death», Mortality, n.º 17 (1), 2012, pp. 64-78.

Mannix, K., *With the End in Mind. Dying, Death, and Wisdom in an Age of Denial*, Little, Brown Spark, Nueva York, 2018.

Marsh, H., *Ante todo, no hagas daño*, Salamandra, Barcelona, 2016.

Mèlich, J. C., *Filosofía de la finitud*, Herder, Barcelona, 2011.

Mjåset, C., «4 Questions you Should Always Ask Your Doctor». Disponible en <https://www.ted.com/talks/christer_mjaset_4_questions_you_should_always_ask_your_doctor#t-257150>.

Nuland, S. B., *Cómo morimos. Reflexiones sobre el último capítulo de la vida*, Alianza, Madrid, 1993.

O'Mahony, S., *The Way We Die Now*, Head of Zeus, Clerkenwell, Londres, 2016.

—, «Do Doctors Die Better Than Philosophers?», *The Lancet*, n.º 391(10129), Londres, 2018, pp. 1474-1475.

Ortega y Gasset, J., Prólogo a *Veinte años de caza mayor del conde de Yebes*, Ediciones de la Universidad de Castilla-La Mancha, Cuenca, 1999.

Peabody, F. W., «The Care of the Patient», *Journal of the American Medical Association*, n.º 88 (12), 1927, pp. 877-882. Disponible en: <https://depts.washington.edu/medhmc/wordpress/wp-content/uploads/Peabody.html>.

Picard, A., *Matters of Life and Death. Public Health Issues in Canada*, Douglas & McIntyre, Vancouver, 2017.

Safder, T., «The Name of the Dog», *New England Journal of Medicine*, n.º 379 (14), 2018, pp. 1299-1301.

Saunders, C., «A Personal Therapeutic Journey», *BMJ*, n.º 313 (7072), 1996, pp. 1599-1601.

—, «The Evolution of Palliative Care», *Journal of the Royal Society of Medicine*, n.º 94 (9), 2001, pp. 430-432.

Seligman, M. E., *La auténtica felicidad*, B de Books, Barcelona, 2017.

Simpson, M. A., «Therapeutic Uses of Truth», *The Dying Patient*, Springer, Dordrecht, 1982, pp. 255-262.

Tolstói, L., *La muerte de Iván Ilich*, E-artnow, Praga, 2014.

Torralba, F., *El arte de saber escuchar*, Milenio, Lérida, 2009.

Vaillant, G. E., *Aging Well. Surprising Guideposts to a Happier Life From the Landmark Study of Adult Development*, Hachette UK, Londres, 2008.

Waldinger, R., «What Makes a Good Life? Lessons From the Longest Study on Happiness», *The Harvard Study of Adult Development. Retrieved*, 28 (8), 2017.

Ware, B., *The Top Five Regrets of the Dying. A Life Transformed by the Dearly Departing*, Hay House, Carlsbad, 2012.

Worden, J. W., *El tratamiento del duelo: asesoramiento psicológico y terapia*, Paidós, Barcelona, 2013.